Gottfried Zurbrügg

Gottes Ohren hören anders

Gottfried Zurbrügg

Gottes Ohren hören anders

Erstaunliche Erlebnisse mit dem Gebet

Fromm Verlag

Impressum/Imprint (nur für Deutschland/ only for Germany)
Bibliografische Information der Deutschen Nationalbibliothek: Die Deutsche Nationalbibliothek verzeichnet diese Publikation in der Deutschen Nationalbibliografie; detaillierte bibliografische Daten sind im Internet über http://dnb.d-nb.de abrufbar.

Contact:
International Book Market Service Ltd., 17 Rue Meldrum, Beau Bassin, 1713-01 Mauritius
Website: www.bookmarketservice.com
Email: info@bookmarketservice.com

Gedruckt in: USA, UK, Deutschland. Dieses Buch wurde nicht in Mauritius produziert.

Imprint (only for USA, GB)
Bibliographic information published by the Deutsche Nationalbibliothek: The Deutsche Nationalbibliothek lists this publication in the Deutsche Nationalbibliografie; detailed bibliographic data are available in the Internet at http://dnb.d-nb.de.

Contact:
International Book Market Service Ltd., 17 Rue Meldrum, Beau Bassin, 1713-01 Mauritius
Website: www.bookmarketservice.com
Email: info@bookmarketservice.com

Printed in: U.S.A., U.K., Germany. This book was not produced in Mauritius.

ISBN: 978-3-8416-0080-6

Gottes Ohren hören anders

Inhaltsverzeichnis **1**

Vorwort zur Neuauflage

Vor etlichen Jahren erschien die Geschichtensammlung „Gottes Ohren hören“ anders zum ersten Mal. Viele Autoren hatten ihre Erlebnisse geschildert, wie Gott ihre Gebete beantwortet hat. Lange nicht jedes Gebet wurde so beantwortet, wie es sich die Menschen gewünscht hatten. Viele haben von erstaunlicher Bewahrung erzählt und sich sicher gefragt: „Warum gerade ich?“ Wir können diese Frage nicht beantworten, aber wir können und wollen bezeugen, dass es Bewahrung in Gefahr gibt und dass Gebete beantwortet werden. Von uns Menschen wird gefordert, dass wir bereit sind, die Antwort Gottes anzunehmen, so wie sie geben wird. Aus dem grenzenlosen Vertrauen in seine Güte und seine Barmherzigkeit heraus kann man leben. Aus alter Zeit berichten die Psalmen und die Geschichten der Bibel von Not und Hilfe, von Gefahr und Bewahrung, von Verzweiflung und Hoffnung.

Jetzt nach Jahren wagen wir es noch einmal, eine Sammlung solcher Geschichten herauszugeben. Diesmal sind die Erlebnisberichte ergänzt mit Erzählungen, die einen wahren Kern haben. Das Buch ist als Lesebuch gedacht. Abends vor dem Einschlafen, am Krankenbett oder in einer ruhigen Stunde lohnt es sich, die eine oder andere Geschichte zu lesen und darüber nachzudenken.

Die Geschichten erzählen Erlebnisse aus dem täglichen Leben. Für den einen oder anderen von Ihnen mag es befremdlich sein, Gott zu fragen, wo mein Schlüssel wieder einmal liegen geblieben ist oder wer wohl den Mäher versteckt hat. Die Probleme erscheinen zu klein, um Gott damit zu behelligen. Aber für einen älteren Menschen kann das ein großes Problem sein und eine wunderbare Erfahrung, dass Gott auch dann hilft.

Andere Geschichte sind literarische Bearbeitungen von Erlebnissen. Manchmal kann man in einer freien Erzählung viel besser ausdrücken, was man weitergeben möchte.
Die Vielfalt der Beiträge, die wir erhalten haben, hat uns begeistert, und die Vielfalt der Glaubenserfahrungen möchten wir weitergeben.
Ganz sicher fallen Ihnen Begebenheiten aus Ihrem Leben ein, die so ähnlich gewesen sind. Wie vielleicht auch Sie einen Hinweis bekommen haben, jemanden zu besuchen, einen ganz anderen Weg zu gehen, als Sie geplant hatten, die Autobahn zu verlassen, obwohl es eigentlich keinen Grund dazu gab. Es lohnt sich immer , auf die leise Stimme zu hören und Gottes Rat zu befolgen. Er möchte uns führen und leiten, aber wie kann er das, wenn wir nicht

auf seine Stimme hören? Wir Menschen sind frei in unseren Entscheidungen. Das ist ein ganz großes Gut, aber wir sind gut beraten, auf Gottes Mahnung und auf sein Wort zu hören.
Gott antwortet, aber oft genug ganz anders, als wir uns das wünschen oder gar erwarten.
Gottes Ohren hören eben anders.

Einige Gedanken vorweg

„Herr, hilf mir doch!“ Diesen Stoßseufzer kennen Sie bestimmt auch: beim Autofahren, beim Wandern oder als stilles Gebet im Kerzenschein einer Kirche. Aber – ist das wirklich ein Gebet?
Ein Freund von mir sagte neulich: „Ich habe das Gefühl, meine Gebete gehen nur bis zur Zimmerdecke oder bis zum Autodach ...“ Ich glaube, jeder von uns hat schon einmal so empfunden.
In diesem Zusammenhang fällt mir eine Geschichte aus dem Neuen Testament ein. Da kommt ein Blinder zu Jesus und fällt vor ihm nieder. Jesus fragt den Kranken: „Was soll ich für dich tun?“ Ist diese Frage nicht überflüssig? Die Antwort liegt doch auf der Hand. Aber Jesus wartet ab, wie der Mann antwortet. „Herr, lass mich sehen“, bittet der Blinde und Jesus schenkt ihm sein Augenlicht. Die Heilung ist kein Zufall, sondern ein erbetenes Geschenk.
„Was soll ich für dich tun?“ Genau diese Frage kommt mir stets in den Sinn, wenn ich den Stoßseufzer zum Himmel schicke: „Herr, hilf mir doch!“
„Soll ich deine Arbeit tun? Dein Auto lenken? Die Kollegen gut auf das kommende Projekt einstimmen?“ Dann schweige ich beschämt und denke: „Du hast ja Recht. Meine Arbeit muss ich selber tun, aber gib mir die Kraft dazu, die Umsicht, an alles zu denken, den Willen, mich durchzusetzen und den Mut, die nötigen Dinge anzusprechen.“
Und dann kommt als Antwort auf das Gebet Gottes Frieden auf mich – ein Friede, von dem die Bibel sagt, er sei „höher als alle Vernunft“.
Das ist wahr. Meine Vernunft ist begrenzt, meine Möglichkeiten sind es ebenfalls, sonst würde ich ja nicht bitten: „Herr, hilf mir doch!“ Aber dieser Friede ist mehr als nur eine Beruhigung. Meine Gedanken wirbeln nicht mehr im Kreise, mein Herz schlägt nicht mehr so schnell und mein Körper kommt zur Ruhe. Das ist immer wieder eine wunderbare Antwort auf mein Gebet.

Trotzdem brauchen wir manchmal mehr. Ich denke an die Zeit, als unsere Kinder klein waren. Da sind wir im Urlaub oft in die Berge gefahren und begeistert auf die Gipfel gestiegen. Es konnte den Kindern gar nicht steil genug sein, aber manchmal überkam sie doch die Angst, und dann streckte sich mir eine kleine Kinderhand entgegen und bat stumm: „Halte mich! Jetzt habe ich mir doch mehr zugetraut, als ich schaffen kann!“
Dann habe ich die Hand genommen und einen dankbaren Druck gespürt. Vater war da und konnte im Notfall wirklich helfen. Das gab den Kindern Mut, auch eigene Wege zu gehen. Aber dieses kleine Zeichen – „Ich bin bei dir!“ – half über die Angst hinweg.
Solch ein Zeichen möchte ich manchmal auch von Gott bekommen und ich glaube, dass wir ihn ruhig hin und wieder darum bitten dürfen.

In meinem Leben gab es Zeiten, in denen ich viele Gebetserhörungen erlebt habe, aber sie fielen oft ganz anders aus, als ich gedacht hatte.
Gottes Antwort klingt manchmal wie eine leise Stimme in uns. Sie ist dem Gewissen ähnlich, aber es ist nicht oder nicht nur die Stimme des Gewissens. Es ist eine leise Stimme, die uns ermahnt, wenn wir den richtigen Weg verlassen wollen oder ermutigt, wenn andere Menschen Hilfe brauchen.
Warum ist die Stimme so leise und deshalb so leicht zu überhören? Das habe ich von Stefanie in einer Schule für Körperbehinderte gelernt. Stefanie war Spastikerin und konnte nur im Rollstuhl sitzen. Aber sie nahm die Welt mit sehr wachen Augen und Ohren wahr und hatte ein goldenes Herz.
Ich war vor diesem Sonderauftrag Lehrer an einer Realschule gewesen und den Umgang mit gesunden Jugendlichen gewohnt. Natürlich sprach ich in der neuen Schule viel zu laut und zu energisch. Stefanie zuckte dann oft zusammen und klagte: „Wenn du so laut sprichst, kann ich dich nicht verstehen.“
„Aber Stefanie“, antwortete ich – schon viel leiser – „dann kannst du mich doch besser hören!“ „Dann höre ich nur deine Worte“, widersprach sie, „aber ich höre nicht, was du sagst.“
Im Umgang mit Stefanie begriff ich: Sie wollte nicht nur die Worte hören, sondern auch meine Gefühle mitbekommen. Worte können täuschen oder niederschreien. Was wirklich gesprochen wird, kann nur eine leise Stimme sagen.
Seitdem höre ich bewusster auf diese leise Stimme, die mich führt und mir Wege öffnete, an die ich vorher nie gedacht hatte.

Viele Erlebnisse haben mich im Laufe der Jahre begleitet – und immer wieder bemerkte ich in meinem Leben , aber auch im Leben anderer Menschen, Gottes Hand. Auf Tagungen, Treffen und nach Gottesdiensten wurde ich von Männern und Frauen angesprochen: „Herr Zurbrügg, was Sie da erzählen, das kenne ich auch."
Dann hörte ich von Erlebnissen, die klein und bescheiden waren, aber auch von Geschehnissen, die „Berge versetzen konnten."
Ich habe die Menschen gebeten, ihre Erlebnisse aufzuschreiben, und so wurde ein Buch daraus, ein Buch, das Mut machen will, auf Gottes Stimme zu hören und sein Handeln im eigenen Leben zu erkennen.
Unser Gott ist ein lebendiger Gott, der darauf wartet, dass wir uns ihm zuwenden und ihn bitten: „Herr hilf mir doch!" Versuchen Sie es so unvollkommen und einfach, wie es aus dem Herzen kommt. Sie werden ganz gewiss eine Antwort erhalten.

Ein Gebet um Hilfe

In der Nachkriegszeit lebten viele Familien so wie wir auch. Mein Vater war noch in Gefangenschaft und meine Mutter versuchte uns vier Kinder mit der Unterstützung vom Sozialamt durchzubringen. Das war nicht einfach. Der Krieg hatte die Grundlagen unserer Existenz geraubt. Das Haus war ausgebombt und wir lebten in einem fremden Ort in einer sehr kleinen Wohnung. Damit mussten wir zurechtkommen. Fr uns Kinder war es nicht so schwierig, denn wir lebten nun am Stadtrand und genossen die Freiheit, in den naheliegenden Wäldern einen unbegrenzten Spielplatz zu haben.
Aber für Mutter war es schwer. Sie hatte alles verloren, was einmal ein ruhiges und sicheres Leben ermöglichte. Gemeinsam mit uns Kindern versuchte sie mit den bescheidenen Mitteln zu leben. Wie viele andere Familien nutzen auch wir die Schätze, die die Natur uns gab.
Mit Milchkannen zogen wir im Frühling hinaus, um Walderdbeeren zu pflücken, später in die Blaubeeren und sammelten die Früchte von den kleinen Sträuchern. Für uns Kinder war die Welt voller Abenteuer, aber Mutter brauchte all ihre Kraft, um die schwierige Zeit zu akzeptieren.
Als der Herbst kam, hatten wir gemeinsam viele Gläser Erdbeermarmelade und eingekochte Blaubeeren! Wir Kinder waren sehr stolz. Auf den abgeernteten Feldern sammelten wir Kartoffeln nach und bekamen so unsere Einkellerungskartoffeln.
Für uns Kinder war es eine erlebnisreiche Zeit und wir spürten nur selten, wie Mutter sich um jeden neuen Tag ängstigte. Im Gegenteil: Zu meinen schönsten Kindheitserinnerungen gehört

es, wie Mutter abends mit uns betete und dann das Lied „Abends, wenn ich schlafen geh, vierzehn Englein um mich stehn“ sang. Mutter bat um Schutz für die Familie, um Vaters Heimkehr und um das tägliche Brot. Wir Kinder verstanden sehr wohl, wie Gott uns das tägliche Brot gab, denn jeder Tag war aufs Neue eine große Herausforderung.
Irgendwie haben wir auch den kalten Winter überstanden. Oft blieben wir lange im Bett, wo es einigermaßen warm war und trugen auch in der Stube Mäntel und Handschuhe.
Aber dann kam das Frühjahr und unsere Vorräte waren verbraucht. Mutter hatte nichts mehr als vier hungrige Kinder.
Ich werde nie vergessen, wie sie uns in die Küche rief und sagte: „Kinder, wir haben nun gar nichts mehr. Ich weiß nicht, wie es weitergehen soll. Wir wollen Gott um Hilfe bitten.“
Und dann knieten wir uns nieder und Mutter bat Gott um Hilfe. Nach dem Gebet sagte sie zu uns: „Kinder, geht jetzt Geld suchen. Vielleicht liegt etwas auf der Straße oder in den Anlagen.“
Ich bin mit meinem älteren Bruder losgegangen. Wir waren damals noch nicht in der Schule. Wir liefen die Straßen unserer kleinen Siedlung entlang und fanden nichts. Aber dann kam mein Bruder auf eine gute Idee. „Die Arbeiter haben den Schnee in die Krüppelkiefern am Straßenrand geworfen. Wenn wir etwas finden, dann dort.“ So sind wir zwischen den niedrigen Kiefern hin und her gekrochen und mein Bruder hatte Recht. Wir fanden Groschen und auch eine Mark und fühlten uns reich wie die Könige. Mutter hatte Tränen in den Augen, als sie das Geld in unseren Kinderhänden sah. „Gott hat uns nicht im Stich gelassen“, sagte sie. „Unser täglich Brot gib uns heute!“
Dann schickte sie uns los, Brot zu kaufen. Wir waren unendlich stolz auf unseren Einkauf. Wieder ging es ein paar Tage weiter.
Noch oft sind wir losgegangen, Geld zu suchen, und haben immer etwas gefunden, einmal sogar einen Umschlag mit 5 DM. Da hatten wir für eine ganze Woche zu essen.

Dann wurde alles besser. Eine Tante aus der Schweiz unterstützte uns, Mutter fand Arbeit und ganz langsam kehrte auch bei uns bescheidener Wohlstand ein.

Engel – Menschen aus meiner Familie sind ihnen begegnet

Gibt es Engel wirklich? Kann man sie sehen? In welcher Form erscheinen sie?

Das sind Fragen, die wir uns stellen, wenn von Engeln die Rede ist. Ich möchte hier keine Antworten geben, die man glauben oder annehmen kann. Wir dürfen ruhig zweifeln. Lesen Sie die folgenden Berichte, die so, wie sie hier wiedergegeben werden, wirklich geschehen sind. Ich kann zwar ihre Wahrhaftigkeit mit meinem Wort bestätigen, aber ich kann Ihnen keine Erklärungen geben. Geschehen sind die geschilderten Geschichten alle in unserer Familie. Und ich glaube, dass in allen Fällen eine himmlische Macht eingegriffen hat. Man mag Gott dazu sagen oder Engel… Und Engel sind ja nichts anderes als Boten Gottes.
Mein Urgroßvater mütterlicherseits, Jakob L., war als Missionar der Basler Mission in Indien tätig. Geboren ist er 1834, gestorben 1916. Er erzählte seiner Familie das folgende Erlebnis:

Er hatte sich, wie es die meisten Europäer taten, während der Zeit nach dem Mittagsmahl auf sein Feldbett gelegt, um ein wenig zu ruhen. Es war Monsunzeit und daher sehr schwül mit regelmäßigen Regen- und Gewittergüssen. Als er gerade eingeschlummert war, hörte er eine Stimme, die ihn aufforderte, sein Bett an die andere Wand des Zimmers zu stellen. Er gab nichts darauf, sondern versuchte wieder einzuschlafen. Da hörte er die gleiche Aufforderung nochmals. Also stand er etwas widerwillig auf, stellte sein Bett an die andere Wand und legte sich dort nieder, um nun endlich in Ruhe wieder einschlafen zu können. Kaum hatte er den Platz gewechselt, da schlug ein Blitz in das Haus ein, genau an der Stelle, an der sein Bett gestanden hatte.
Günther Knausenberger

Auf die leise Stimme hören …

Und nun noch ein Erlebnis aus der Zeit nach 1980. Ich war mit meinem Auto in Neu – Isenburg gewesen, um von dort mit meiner Frau und zwei Freundinnen zurück nach Wolfach zu fahren. Zwischen Darmstadt und Heidelberg – ich war gerade auf der Überholspur – wurde der Verkehr langsamer. Ich sah, dass weiter vorn eine Verzögerung eingetreten war. Kein Fahrzeug hatte jedoch die Warnblinkanlage in Betrieb gesetzt. Trotzdem hatte ich das Gefühl, ich solle diese einschalten. Kaum hatte ich das getan, blickte ich automatisch in den Rückspiegel, weil die Gefahr bestand, dass mein „Hintermann“ nicht aufmerksam war. Da sah ich, wie ein weißer Lastwagen auf der rechten Fahrspur über das Heck eines Personenwagens fuhr und dann auf zwei Rädern in Schräglage auf uns zurollte. Ich konnte gerade noch ganz nach links bis in die Leitplanke hineinfahren, als uns der LKW auch schon erreichte und nur noch vorne rechts ein wenig gegen mein Fahrzeug stieß. Danach schob er das Auto vor mir auf den nächsten Wagen auf, kippte dann wieder auf alle vier Räder, streifte noch einen davor fahrenden Kleinlaster und kam danach auf der rechten Seite endlich zum Stillstand. Dass der Lastwagen zuerst noch einen Pkw gegen die Mittelleitplanke geschleudert hatte, war mir entgangen. Von den fünf am Unfall beteiligten Autos waren wir die einzigen, die nur unter Verlust einer Zierleiste weiterfahren konnten. Die Polizeibeamten konnten sich nicht erklären, dass wir unbeschadet davongekommen waren. Für mich ist die Entscheidung, die Warnblinkleuchten einzuschalten, auf ein höheres Einwirken zurückzuführen; denn hätte ich es nicht getan, hätte ich den Lastwagen nicht gesehen, und er wäre uns genau in die Seite gefahren. Da saßen meine Frau und eine ihrer Freundinnen. Ich glaube, wir sollten viel öfter auf unsere leise innere Stimme hören.

Günther Knausenberger

Ein Engel in Uniform

Das sichtbare Erscheinen und lebensrettende Eingreifen eines Engels durfte eine Schwester meines Vaters, Maria K. (1886 – 1968) erleben.

Diese Tante war ledig geblieben, hatte aber zwei mongoloide Kinder, einen Knaben und ein Mädchen zu sich genommen und sie wie eigene Kinder gepflegt und versorgt.

In dem Dorf, in dem sie lebte, wurde sie fast wie eine Heilige verehrt, da sie nur für ihre Mitmenschen lebte. 1943 erhielt sie die Aufforderung, sich mit dem Buben im Gesundheitsamt der Stadt N. zu melden. Was das bedeutete, war ihr klar. Zu jener Zeit sprach man von „Lebensunwertem Leben“. In der Nacht vor dem Vorstellungstermin betete sie fast ununterbrochen für die Rettung des Kindes. Gegen Morgen schlief sie getröstet ein und machte sich dann mit dem Kind auf den Weg nach N. Als sie dort kurz vor dem Gesundheitsamt ankam, sah sie einen hohen SS- Offizier aus dem Eingang treten, der auf sie zuging und sie fragte, ob sie Fräulein Maria K. sei. Sie bejahte dies, worauf ihr bedeutet wurde, sie könne wieder nach Hause fahren, es sei bereits alles erledigt. Etwas später traf sie ihre Freundin, die sie erstaunt ansprach: „Du bist hier? Ich sah dich mit dem Buben zum Gesundheitsamt gehen. Na, man weiß ja, was das bedeutet. Doch dann bliebst du stehen und es schien, als würdest du mit jemandem sprechen. Aber ich habe niemanden gesehen! Plötzlich wandtest du dich um und gingst weg.“

Es kam keine Nachfrage mehr und die beiden Kinder überlebten die schwierige Zeit.

Günther Knausenberger

Engel befreien auch heute noch aus Gefängnissen

Auf dem Männertag in Remchingen erzählte mir ein Mann seine Geschichte und gestattete mir sie zu schreiben.

„Ich bin Geschäftsmann. Meine Verbindungen gehen bis nach Südamerika. Wir sind hin und wieder auch in Argentinien. Meine Frau wohnt dann im Hotel, während ich meine Geschäfte erledige. So können wir geschickt Urlaub und Arbeit verbinden. Aber es kann auch einmal ganz anders kommen.

An einem Tag wollten wir aus Buenos Aires fortfliegen. Wir standen mit unseren Koffern an der Abfertigung, als plötzlich eine Reihe Polizisten auf uns zukamen. Sie drängten meine Frau rasch zur Seite, und ehe ich wirklich begriffen hatte, was geschah, hatten sie mich schon in ihre Mitte genommen und führten mich ab. „Ruf das Konsulat an!", konnte ich ihr noch zurufen, dann wurde ich in eines der vergitterten Autos gesteckt, die wir so oft durch Buenos Aires fahren sahen. Tagtäglich verschwinden dort Menschen und tauchen nie wieder auf. In den südamerikanischen Ländern ist das so. Aber jetzt saß ich in so einem Auto, das in rascher Fahrt durch die große Stadt fuhr. Was würde mich erwarten? Die Männer neben mir, schauten gleichgültig nach draußen. Sie führten Befehle aus, wie es die Soldaten immer schon tun. Sie interessierten sich nicht für den Gefangenen, den sie im Gefängnis abzugeben hatten.

Sie brachten mich bis an das Tor eines der grauen Betongebäude, um das die Menschen einen großen Bogen machen wie um die Stasigebäude. Dort übernahmen mich anderen Bewacher, die nicht weniger gleichgültig ihren Job taten. Aber sie ließen mich spüren, dass ich der Gefangene war. Grausam stießen sie mich durch die Gänge. Zum ersten mal hörte ich die Anklage: „Spion!" Jemand spukte mich an, Stiefel traten nach mir. Ich ahnte, dass ich vielleicht zu den Menschen gehören würde, die nie wieder auftauchten.

Im Auto hatte ich schon begonnen zu beten, denn ich weiß mich in Gottes Hand geborgen. Ein tiefer Friede überkam mich. Alles, was auch geschehen würde, war mit Zustimmung Gottes so gewollt. Das spürte ich, und das gab mit Kraft, bei den Verhören auch standhaft aufzutreten. Aber es half mir nichts. Ich wurde in eine Zelle gestoßen, in der nur eine Glühlampe von der Decke baumelte und in der eine Pritsche stand, sonst nichts. Die Tür schloss sich hinter mir, und ich war nicht sicher, ob sie sich wieder öffnen würde.

Die Zeit verging, aber ich hatte kein Maß, sie zu messen. Die Glühbirne brannte immer und unregelmäßig wurde mir Brot und Wasser in die Zelle geschoben. Ohne Rücksicht auf Tag oder Nacht wurde ich zu Verhören geführt. Ich konnte nur durchhalten, weil ich mich im Gebet immer wieder stärken konnte.

Da öffnete sich eines Tages plötzlich die Zellentür. Ein Mann trat ein, sagte nichts, aber bedeutete mir ihm zu folgen. Wir gingen an den Wärtern vorbei, die uns nicht ansahen oder nicht sahen. Ich kann es nur so beschreiben. Die Türen öffneten sich vor ihm, und er führte mich aus dem Gefängnis hinaus.
Er hielt sogar auf der Straße ein Taxi an, nannte ein Hotel und sagte: „Ihre Frau wartet dort auf sie." Damit entließ er mich.
Ich weiß kaum noch, wie wir nach Hause gekommen sind, aber ich weiß, dass es Gottes Hand war, die mich befreit hat. Er hat mich auch in diesem Gefängnis nicht verlassen.
Im Hotel traf ich meine Frau, die mir weinend erzählte, dass sie Tag und Nacht für mich betet hatte.
i.A. Gottfried Zurbrügg

Sie schickt der Himmel! – Nehmen Sie das doch wörtlich!

Warum eigentlich nicht? Es ist eine Redensart, aber es steckt etwas dahinter. Jede Redensart hat ihre Geschichte und ihren Erfahrungshorizont.
Da meinen Menschen, der Himmel schicke jemanden, um zu helfen.
Das gibt es. Viele Geschichten berichten davon und viele Menschen bezeugen, dass es so etwas gibt.
Engel werden gesandt und, wenn man sie erkennt, sind sie verschwunden.
Menschen sind plötzlich an einer Stelle, an der sie dringend gebraucht werden.
Ohne die Hilfe in diesem Moment wäre vielleicht sehr viel oder gar etwas Schreckliches geschehen.
Das heißt nicht, dass nicht ständig auch sehr viel passieren würde. Unsere Zeitungen sind leider voll davon und wir wissen nicht, warum der eine oder die andere bewahrt wurden und andere die nötige Hilfe bekamen.
Wir sehen zu wenig und wissen zu wenig, um darüber urteilen zu können.
Alle Geschichten und Erlebnisse können uns keine Antwort auf solche Fragen geben.
Trotzdem tut es gut, auch einmal etwas Anderes zu hören.
Doch, es gibt jemanden, der auf uns achtet, der uns zwar nicht alle Schwierigkeiten aus dem Weg räumt, aber hin und wieder dürfen wir erfahren, dass jemand in unserer Nähe ist und hilft.
Manchmal werden Gebete beantwortet. Hin und wieder sind Engel in unserer Nähe.

Es ist an uns aufmerksam zu sein. Dann sind wir vielleicht einmal ein rettender Engel für andere.
Dann schickt uns tatsächlich einmal der Himmel.

Gott bewahrte unsere Tochter Jasmin

Eine große Erfahrung mit Gott hatten wir durch unsere Tochter Jasmin.
Gott hatte uns drei liebe Kinder geschenkt. Unsere Tochter Jasmin und zwei Söhne Stefan und Andreas. Stefan und Andreas gediehen prächtig, aber unsere Tochter Jasmin war kränklich und anfällig. Sie war unser Sorgenkind und wir haben oft darum gebetet, dass sie gesund werden könnte und wie die anderen herumtollen. Aber alle ärztlichen Untersuchungen ergaben keinen Grund für ihre körperliche Schwäche.
Aber eines Tages wurden meine Gebete erhört:
Jasmin war 14 Jahre alt. Im Sportunterricht hatte sie eifrig mitgemacht, soweit es ihre Kräfte zuließen, aber nun klagte sie über heftige Schmerzen in der Brust. Sie meinte: „Ich habe mir eine Rippe verrenkt, Mutter. Ich gehe zum Arzt, aber mach dir keine Sorgen.“ Sie wusste doch, wie leicht ich mich aufregen konnte, wenn es ihr nicht gut ging.
So setzte ich sie an jenem Nachmittag, bevor ich zur Arbeit ging. beim Doktor ab.

Einige Zeit später erschien Jasmin bei mir im Geschäft, ich müsse am nächsten Vormittag frei nehmen, da sie einen Termin bei einem Kardiologen habe, den der Hausarzt gleich vermittelt habe. Ich sollte nach Feierabend auch noch beim Hausarzt anrufen, er würde mir alles erklären. Was war geschehen?

Bei der ersten Blutdruckuntersuchung von Jasmin am linken Arm war ein eher niedriger Blutdruck festgestellt worden. An diesem Nachmittag saß Jasmin in einem anderen Behandlungsraum und der Arzt überprüfte den Blutdruck am rechten Arm. Hier maß er einen hohen Blutdruck von 190 Oberwert . Eine eingehende Untersuchung beim Kardiologen am nächsten Tag bestätigte den Verdacht. Unsere Tochter hatte eine Aortenisthmústhenose; das bedeutet eine Verengung bzw. einen Verschluss in der Aorta (Hauptschlagader).
Der Verschluss war an einer Abzweigung, so dass im rechten Arm und im Kopf unserer Tochter der Blutdruck sehr hoch war (180 – 220), während er im linken Arm und im Körper

ziemlich niedrig war (80 – 110).

Eine Operation war der einzige Ausweg. Innerhalb kürzester Zeit wurde Jasmin per Herzkatheder untersucht und aufgrund ihres Alters empfahl man uns zur Operation nach München ins Kinder-Herzzentrum zu gehen.

Dort trafen wir nach Absprache am 15. Juni 1994 ein. Bereits am nächsten Tag wurde die Operation angesetzt. Sie dauerte über 4 Stunden. Es waren für meinen Mann und mich die längsten Stunden unseres Lebens. Wir konnten nur beten und warten.

Unserer Tochter wurde ein etwa 5 cm langes Rohr mit 12 mm Durchmesser in die Aorta eingesetzt. Da unsere Tochter diesen Verschluss schon von Geburt an hatte, hat der Körper im Laufe der Jahre ein Riesengeflecht von Blutgefäßen gebildet. Die Ärzte hatten das Problem, wie sie durch dieses Geflecht an die Aorta herankommen ohne lebenswichtige Gefäßverbindungen zu zerstören. Der liebe Gott hat sie sehr gut angewiesen! Unsere Tochter hat die Operation unbeschadet überstanden. Nachuntersuchungen zeigen auch heute noch, dass der Verschluss frei geblieben ist und die Durchblutung normal verläuft. Ein weiterer Grund dankbar zu sein, weil bei bis zu 70 % der Patienten die operierten Verschlüsse wieder zuwachsen.

Unsere Tochter konnte schon kurze Zeit nach der Operation wieder normal leben.
Sie benötigt bis heute keine Medikamente und kann jede Art Sport treiben.

Nicht immer gibt uns Gott eine schnelle Antwort. Warum hat kein Arzt vorher die Missbildung der Schlagader festgestellt? Wir wissen es nicht, aber wir sind dankbar dafür, dass unsere Gebete erhört wurden.
Conny Armbruster

Nicht ohne meinen Mann!

Der Partner ist der wichtigste Mensch im Leben. Es ist ein großes Geschenk, wenn man einen Partner haben darf, mit dem man seit Jahren glücklich zusammenleben kann.

Mein Mann und ich dürfen dieses Jahr unseren 30. Hochzeitstag feiern und die Art und Weise, wie wir uns vor 34 Jahren kennen gelernt haben ist, für mich auch ein Zeichen von Gottes Wirken.

Ich war damals erst 15 Jahr alt. An Jungen und gar an Heirat hatte ich natürlich noch nicht gedacht. Die Abschlussprüfung für die Mittlere Reife stand vor der Tür und war wichtiger als alles andere. Aber unser Mathematiklehrer hatte uns vorgeschlagen, lieber an der frischen Luft Sport zu treiben, als immer noch zu versuchen, sich Formeln einzuprägen. Ich bin ihm heute noch dankbar dafür.
Denn so sah ich meinen späteren Mann zum ersten Mal mit anderen Augen.
Statt zu lernen, spielten wir mit den Nachbarjungen und – mädchen Frisbee. Wir waren an diesem Abend eine lustige Truppe. Ein Bub namens Reinhold brachte mich mit seinen witzigen Bemerkungen immer zum Lachen. Das gefiel mir sehr. Er war erheblich älter als ich und schon ein richtiger Mann von 21 Jahren, aber ich spürte, dass er mich ernst nahm. Als die anderen Mitspieler nach Hause gingen, blieben wir noch eine Weile zusammen und unterhielten uns. Ich habe mich in seiner Gegenwart sehr wohl gefühlt.

Dann kam der 1.Mai. Meine Eltern und ich hatten eigentlich eine Maitour geplant, doch dann kam alles anders. Wir waren schon alle gerichtet und startklar, als mein Vater absagen musste. Ich war sehr enttäuscht und ging an die frische Luft, um wenigstens etwas von dem schönen Maitag zu haben.
Dort stand ich, als ich plötzlich am Haus gegenüber Reinhold aus der Türe kommen sah. Mein Herz schlug sofort schneller, als ich ihn sah. Aber ich gab mich betont gelangweilt, um ihm nicht zu zeigen, wie sehr ich mich freute, ihn zu sehen. Er entdeckte mich auch und fragte, was ich so mache. Ich erzählte ihm, dass wir wandern wollten, aber etwas dazwischen kam. Er lachte und fragte, ob wir nicht gemeinsam etwas machen könnten. Ich schlug vor, wir könnten doch Federball spielen.
Damit war er einverstanden und wir legten los. Während des Spiels hatten wir natürlich ausgiebig Gelegenheit uns zu unterhalten, und wir stellten fest, dass wir uns prächtig verstanden. Nach dem Spiel fragte er mich, ob wir noch einen Sparziergang machen könnten. Auf dem Weg durch die abendliche Landschaft spürten beide, dass aus der Begegnung mehr werden konnte.

Mit der Zeit wurde Liebe daraus, und eines Tages fragte Reinhold mich, ob ich seine Frau werden wollte.

Nun sind wir schon dreißig Jahre verheiratet. Wenn ich zurückschaue, dann bin ich sicher, dass der missglückte Maiausflug kein Zufall war.
Wäre dies nicht gewesen, hätte ich den Tag mit meinen Eltern verbracht und Reinhold mit seinem Kumpel. Da Reinhold beruflich in Norddeutschland unterwegs war, weiß ich nicht, ob und wann wir ansonsten Gelegenheit zu einem so lockeren Zusammentreffen gehabt hätten.
Conny Armbruster

Vor der Kirchentür

Mir geht eine Geschichte nicht aus dem Sinn, die ich vor vielen Jahren von einem jungen Pfarrer gehört habe, der sie erlebt hat.
Damals war der junge Mann im Ruhrgebiet tätig. Früher waren auf der Zeche „Gottes Hilfe“ viele, viele Bergleute tätig. Sie kannten die großen Gefahren, die unter Tage Tag für Tag ihr Leben bedrohten. Nie fuhren sie in die Tiefe ohne vorher zu beten, und am Sonntag gingen sie in ihrer schwarzen Tracht zum Gottesdienst. Die Kapelle war immer bis auf den letzten Platz gefüllt. Aber dann kam die große Krise im Bergbau. Die Zechen wurden geschlossen, und ein Bergmann nach dem anderen zog fort, um in einem anderen Beruf oder in einem anderen Land sein Glück zu machen. Es wurde still um die Kapelle. Jeden Sonntag kamen weniger Menschen zum Gottesdienst. Kindergottesdienst gab es nicht mehr, weil zuerst die Familien fortgezogen waren. Dann gingen auch die Alten. Die Zeche wurde abgerissen, und Platz für neue Industrieanlagen geschaffen. Auch das eine oder andere kleine Bergmannshaus wurde abgerissen. „Es ist nicht mehr wie früher“, klagten die Menschen. „Hier haben wir keine Zukunft mehr.“
An einem Sonntag stand der junge Pfarrer allein in der Kirche. Nicht einmal die Kirchendienerin war da, weil sie krank daheim lag. Er zündete die Altarkerzen an und ließ die Glocke zum Gottesdienst einladen. Aber niemand kam. Als es Zeit war, schloss er die Tür der Kapelle und trat vor den Altar, um zu Gott zu beten und dann nach hause zu gehen. Denn wie sollte er Gottesdienst ohne Gemeinde feiern?
Aber es kam anders. Ein Gefühl drängte ihn, und er konnte nicht einmal sagen warum, er setzte sich auf die Orgelbank und griff in die Tasten. Gewaltig und fröhlich klang die Orgel durch die kleine Kapelle wie schon lange nicht mehr. Da floss ihm das Herz über, und er sang

den vorgesehenen Choral. Später trat er auf die Kanzel und begann seine Predigt. Niemand war in dem Raum, aber ihm war, als wären alle Bänke besetzt, und er sprach laut und deutlich bis zum Amen.
Was er nicht wusste: Ein Mann war zur Kirche gekommen und stand draußen vor der Tür. Er war kein großer Kirchgänger und genierte sich einzutreten, weil die Orgel bereits zu spielen begonnen hatte. Draußen vor der Tür blieb er stehen, sang innerlich mit und hörte die Worte des Pfarrers. Nein, er wollte nicht stören, und, als die Predigt zu ende war, ging er leise fort, aber die Worte, die er gehört hatte, ließen ihn nicht mehr los.
Viele Dinge brauchen Zeit, um zu reifen. Die Umstrukturierung im Bergbau ließ neue Industrien auf dem Boden der alten Zeche wachsen. Neue Siedlungen entstanden. Andere Menschen zogen zu. Familien mit kleinen Kindern fanden den Weg in die Kirche. Wieder lachten am Sonntag fröhliche Kinderstimmen rund um das alte Gebäude. Ein neuer Ältestenrat wurde gewählt, und ein Mann tat sich besonders hervor. Niemand war so bereit, für Gott und die Gemeinde etwas zu tun wie dieser Mann.
In einer Gemeinderatssitzung kam es dann über seine Lippen:
„Vor vielen Jahren war ich weit fort von der Kirche. Sonntags hatte ich anderes zu tun, meine Hobbys waren mir wichtiger. Aber an einem Sonntag riefen mich die Glocken zur Kirche. Natürlich kam ich zu spät, denn die Orgel hatte schon begonnen zu spielen, und die Gemeinde sang. Aber eigentlich hat man nur Sie gehört, Herr Pfarrer!
Ich blieb vor der Tür, denn ich wollte nicht stören. Ich war kein großer Kirchgänger. Aber Ihre Predigt, Herr Pfarrer, hat mich angesprochen. Ich wusste, dass ich gemeint war, dass der Herr mich ganz persönlich gerufen hatte. Er wusste, dass ich hinter der Tür stand wie der Zöllner und nicht wagte näher zu treten. Ich bin gegangen, ehe der Gottesdienst zuende war, damit mich niemand sah. Trotzdem habe ich lange gebraucht, um den Weg zurückzufinden. Aber jetzt habe ich meinen Weg gefunden, und ich gehe ihn mit viel Freude."
„Sie haben damals vor der Tür gestanden...?"
Renatus Reiche

So ein Zufall oder...

Als Vertriebsleiter einer großen Firma bin ich ständig mit meinem Auto unterwegs.
Wir wissen um die großen Gefahren, die mein Beruf mit sich bringt, denn ich bin nun schon seit 30 Jahren ständig unterwegs. Jeden Morgen, bevor ich losfahre, vertrauen wir uns, meine Frau und ich, Gott an. Wir bitten um seinen Schutz und Segen.

Seit Jahren vertraue ich Gott auch meinen Terminkalender an und bitte ihn, mich zu führen und zu leiten. Seitdem mache ich nicht mehr so viele unnütze Fahrten, sondern besuche meine Kunden besser. Schon manches Mal bin ich auf das Gefühl hin zu einem Kunden gefahren und kam genau im richtigen Augenblick. Ich sehe darin Gottes Segen. Er hilft mir und meiner Familie und bewahrt mich auf den langen gefährlichen Fahrten. Mein Leben liegt in seiner Hand und ich fühle mich in Gottes Hand geborgen. So war es auch an einem trüben Tag im Dezember 1995.

Ich war auf der Fahrt in meine Firma. Dort wollte ich eine Lieferung für einen Kunden mitnehmen. Sie war in viele kleine Pakete zu je 15 kg verpackt, das ganze hatte ein Gewicht von 250 kg. In meinem Passat hatte ich schon Platz gemacht. Aus Gründen, die mir keiner nennen konnte, gab man mir jedoch diese Sendung an diesem Tag nicht mit. Ich könne sie erst am nächsten Tag mitnehmen, so der Kommentar. Also machte ich mich wieder auf den Weg um einen Kunden zu besuchen. Auf der Fahrt fuhr ich lange hinter einem Lkw her, und wartete auf eine gute Gelegenheit, wann ich ihn sicher überholen könnte. Die Gelegenheit kam und ich überholte. Ich hatte wieder eingeschert, als aus einer Kurve ein Fahrzeug entgegenkam. Es war auf den unbefestigten Seitenstreifen geraten und der Fahrer riss sein Fahrzeug wieder auf die Straße zurück, wohl zu heftig. Ich musste mit ansehen, wie das Fahrzeug ins Schlingern geriet und seitlich auf mich zuhielt. Noch hoffte ich unbeschadet an ihm vorbeizukommen. Dann gab es einen Knall. Der entgegenkommende Wagen hatte mich vorne seitlich am Kotflügel getroffen. Mein Fahrzeug wurde um 90° gedreht und schoss kerzengerade über die Fahrbahn in ein Waldstück. Meine Geschwindigkeit lag bis dato bei 90 km/h. Mein Wagen überschlug sich seitlich und raste auf dem Dach liegend die Waldböschung hinauf, zwischen abgesägten Baumstümpfen hindurch. Er drehte sich weiter und kam wieder auf die Räder. Weiter oben prallte der Wagen auf einen Felsen und überschlug sich vorwärts, dabei schlug das Dach wiederum auf einen Felsen und es wurde bis auf die Sitzhöhe eingedrückt. Danach rollte der Wagen wieder seitlich die Böschung herunter, bis er nach 2 oder 3 Überschlägen endlich stand. Es rauchte und dampfte aus dem Motorraum. Mein Platz war unbeschadet und das Dach über mir noch heil. Neben mir ragte es jedoch bis auf die Nackenstütze herunter. Obwohl das Fahrzeug mit Benzin vollgetankt war, ist es nicht in Flammen aufgegangen. Mir kam es vor, als hätte alles Minuten gedauert und doch waren es nur Sekunden gewesen. Ich hielt das Steuer immer noch fest in der Hand.

Langsam bewegte ich Arme, Beine und den Kopf. Alles schien noch in Ordnung zu sein, dachte ich mir. Die Türe war aufgesprungen, alles was im Fahrzeug war, lag verstreut um die Unfallstelle herum. Ich stieg aus dem zerstörten Fahrzeug und begab mich Richtung Strasse. Polizei und Krankenwagen trafen ein, und alles wurde aufgenommen.
Mein Firmenchef holte mich von der Unfallstelle ab und machte die Bemerkung, ich müsse einen Schutzengel gehabt haben. Ich erwiderte ihm, nicht einen sondern viele.

Erst im Nachhinein sollte ich erkennen, wie Gott mich in dieser Situation bewahrt hatte.
Als ich am nächsten Tag wieder in meine Firma kam, wollte man wissen, ob ich Schmerzen im Nacken und dergleichen hätte. Als ich dies verneinen musste, konnte man das nicht so recht glauben. Ich hatte nicht einmal eine Schramme oder dergleichen.
An diesem Tag gab man mir auch die schwere Warensendung in mein Auto.
Ich machte mich wieder auf den Heimweg und besah mir noch einmal die Unfallstelle.
Dort angekommen glaubte ich nicht was ich sah.
An der Stelle des Zusammenstoßes gab es auf meiner Seite einen Bordstein. Dieser hatte verhindert, dass ich einige Meter tief in den Wald hinunter katapultiert wurde.
Weiter stellte ich fest, dass der Wald nur an der Unfallstelle gerodet war. Hätten da noch Bäume gestanden, möchte ich mir nicht ausmalen, was hätte passieren können.
Dann wurde mir bewusst, was passiert wäre, wenn man mir auf mein drängen hin die 250 kg schwere Ware ins Auto geladen hätte. Die 5 Zentner wären mit einem Tonnengewicht nach vorne geschossen und hätten mir die Wirbelsäule gebrochen oder es hätte mich womöglich mein Leben gekostet.
Niemand konnte mir auch heute in der Firma sagen, warum ich am Vortag diese Waren nicht mitnehmen konnte. Es war halt so.
Reinhold Armbruster

Der Kopierer

Während einigen Jahren hatte ich mein Büro in einem Hochhaus, in welchem neben mehreren externen Unternehmen auch verschiedene staatliche Dienststellen untergebracht waren. Mehrere Abteilungen benutzten gemeinsam denselben Kopierer. Damit die Kopien für die einzelnen Abteilungen gesondert abgerechnet werden konnten, besass jede Abteilung einen so genannten „Stecker“ mit der Abteilungs-Identifikation, der die Anzahl

Kopien aufaddierte. Unsere Abteilung hatte diesen Stecker an einem bestimmten Platz im Abteilungssekretariat deponiert.

Eines Nachmittags klopfte es an meiner Bürotür und eine Mitarbeiterin, nennen wir sie Frau Meier, trat ein. „Herr Kunz, haben Sie den Stecker zum Kopierer?“, fragte sie. „Er befindet sich nicht an seinem Platz!“ Ich verneinte und war froh, dass ich nicht sofort etwas kopieren musste. Gemeinsam überlegten wir, wer den Stecker wohl eingesteckt oder verlegt haben könnte.

Als ich am späteren Nachmittag doch einige Kopien hätte erstellen sollen, fragte ich in allen Büros der Abteilung und auch bei Frau Meier nach dem Stecker. Leider ohne Erfolg. Am nächsten Morgen setzte ich die Suche und die Rückfragen fort. Der Stecker blieb jedoch verschollen. Jetzt kam ich in Schwierigkeiten, denn ich sollte dringend Kopien erstellen, welche ich zur Erledigung eines Geschäftes benötigte.

Noch einmal begab ich mich ins Sekretariat. Frau Meier erklärte mir wieder, dass sie keine Ahnung vom Verbleib des Steckers habe. Dieser sei nach wie vor spurlos verschwunden.

Für mich wurde die Lage prekär. Ich sollte dringend Kopien erstellen und ohne Stecker war dies nicht möglich. Mir blieb nur noch ein lautloses Stoßgebet zu meinem Herrn: „Herr, Du weißt, dass ich dringend kopieren muss. Du kennst die Person, welche den Stecker verlegt hat! Du kannst ihr den Verbleib des Steckers in Erinnerung rufen......!“

Ich hatte mein lautloses Stoßgebet noch nicht beendet, als mich Frau Meier mit weit aufgerissenen Augen ansah und stotternd bekannte: „Herr Kunz, das darf doch nicht wahr sein! Jetzt kommt mir etwas in den Sinn. Ich habe gestern für mich einige Privatkopien gemacht....“ Sie stand dabei auf und begab sich zu einem Pult, zog eine Schublade auf, in welcher sie ihre Privatutensilien abgelegt hatte und entnahm, begleitet von vielen Entschuldigungen den gesuchten Stecker! Sie hatte ihn irrtümlich dort abgelegt und dies völlig vergessen. Ich erzählte ihr von meinem Stoßgebet und der unverzüglichen Erhörung!

Ist es nicht so, dass wir uns oft selber aufreiben und uns selber helfen wollen, statt unser Anliegen und unsere Not unserem wunderbaren Herrn darzulegen? Nicht immer hilft er ohne Verzug, aber er hilft uns insbesondere dann, wenn wir in Bedrängnis und in Not sind. Er erhört Gebete! Armselig jene Menschen, welche nur auf ihre eigene Kraft und ihr eigenes Können oder auf tote Materialien (wie Steine etc.) vertrauen, weil sie die göttliche Existenz und Gottes wunderbare Liebe und Fürsorge für uns Menschen nicht wahr haben wollen.

Rudolf Kunz

Die Programmänderung Gottes

Kurt E., ein gläubiger Christ, musste 1988 ein Hüftgelenk operieren. Nach der gelungenen Operation war ein 3-wöchiger Aufenthalt in einer Thermalklinik erforderlich. Dort weilte Kurt E. mit einem ebenfalls gläubigen Patienten in einem Zimmer. Selbstverständlich tauschten die beiden Christen ihre reichen Glaubenserfahrungen aus und für beide gestaltete sich der Klinikaufenthalt zu einem reichen Segen. Als bekennende Christen lernten sie zudem weitere gläubige Christen kennen.

Während dieses Klinikaufenthaltes nahm der Leiter der Jugendgruppe der christlichen Gemeinde, in welcher Kurt E. seine geistige Heimat gefunden hatte, telephonisch mit ihm Kontakt auf und kündete einen Besuch mit der Jugendgruppe für den kommenden Samstag an. Kurt E. war begeistert, sah er doch eine Möglichkeit, die frohe Botschaft von Jesus Christus über die Jugendgruppe mit Liedern und einer Kurzbotschaft einem breiteren Publikum in der Klinik bekannt zu machen. Er und sein Zimmerkollege begannen voller Begeisterung die Mitpatienten für diesen Samstagabend auf 20.00 Uhr in den Aufenthaltsraum einzuladen und diesen Anlass im Gebet ihrem Herrn und Gott vorzulegen. Sie baten, Gott möge doch möglichst viele Mitpatienten herbeibringen, damit diese mit der frohen Botschaft der Erlösung durch Jesu Tod am Kreuz bekannt gemacht werden könnten.

Unerwartet dämpfte ein Eingeladener die Freude der beiden begeisterten Christen. Er wies sie darauf hin, dass an diesem Samstagabend um 20.00 Uhr ein Konzert von zwei Musikerinnen aus Basel im Aufenthaltsraum angesagt sei. Und tatsächlich: überall hingen kleine Plakate, welche auf dieses Konzert hinwiesen. Nachdem die beiden Christen den vorgesehenen Auftritt der Jugendgruppe in der Klinik nicht gemeldet hatten, war nach menschlichem Ermessen nichts mehr zu ändern. Aber trotz der Deprimiertheit, welche die beiden Patienten beschlich, beschlossen sie, weiterhin intensiv für den Auftritt der Jugendgruppe zu beten und deren Besuch nicht abzusagen. Sie legten Jesus das Problem dar und baten Ihn, doch einzugreifen und den Auftritt der Jugendgruppe zu ermöglichen. Insbesondere wurde dieses Anliegen anlässlich eines mit den bekannten Mitgläubigen einberufenen Gebetstreffens vom Samstagnachmittag nochmals nachhaltig Jesus dargelegt.

10 Minuten vor 20.00 Uhr trafen die beiden Musikerinnen mit ihren Instrumenten bei der Anmeldung ein und begaben sich in den Aufenthaltsraum, wo bereits viele Leute

versammelt waren, um sich das Konzert anzuhören. Kurt E. und sein gläubiger Zimmerkollege hielten sich im Vorraum auf und registrierten ihr Eintreffen. Hatte Jesus ihre intensiven Gebete nicht erhört? Waren ihr Gebetseinsatz und die vorgenommenen Einladungen von Gästen umsonst?

Die beiden Patienten waren bereits daran, das Unabänderliche zu akzeptieren und sie machten sich Gedanken, wohin sie mit der bald eintreffenden Jugendgruppe gehen sollten. Da beobachteten sie, wie eine der Musikerinnen sich mit der Frau an der Anmeldung heftig unterhielt. Offensichtlich ergaben sich Unstimmigkeiten. Kurz vor 20.00 Uhr verließen die beiden Musikerinnen schimpfend über eine angeblich schlechte Organisation des Abends die Klinik. Praktisch gleichzeitig traf die Jugendgruppe ein und konnte in einem mit Patienten gefüllten Aufenthaltsraum christliche Lieder und die Kurzbotschaft von Jesu Erlösung am Kreuz auf Golgatha vortragen. Jesus hatte das Gebet der Gläubigen erhört und das Geschehen an diesem Abend entgegen aller menschlichen Organisation selbst in die Hand genommen!

Nachwort zu „Die Programmänderung Gottes“

Kurt E. verstarb mit 67 Jahren am 5. Juni 1997 an den Folgen eines schweren Krebsleidens. Als er im Laufe des Jahres 1996 von seinem Leiden erfuhr, erfüllte ihn die Hoffnung auf Genesung. Auf Anraten seines Hausarztes wollte er sich einer Operation unterziehen. Doch im Spital stellte man fest, dass die Leber stark angegriffen und die vorgesehene Operation ohne Aussicht auf Erfolg war. Für Kurt E. brach nun keineswegs eine Welt zusammen. Er wusste, dass er getrost dem kommenden Ende seines Lebens entgegen sehen durfte. Er hatte sein Leben Jesus übergeben und dies nicht nur mit bloßem Lippenbekenntnis. Er war erfüllt mit Liebe zu seinem Herrn und zu seinen Mitmenschen.

In den nun folgenden Wochen und Monaten war er zwar dankbar für teilnehmende Worte und für die Gebete seiner Mitchristen. Aber wer ihn trösten wollte, ging selbst getröstet von ihm. Für mich unvergesslich ist das Erscheinen von Kurt E. bis wenige Wochen vor seinem Tod in den Gottesdiensten. Abgemagert fuhr er noch selbst mit seinem Auto in die Gottesdienste. Sein Gesicht strahlte Liebe und Frieden aus. Als seine Kräfte schwanden und der Tod am 5. Juni 1997 in unausweichliche Nähe kam, nahm er bewusst von seinen Angehörigen Abschied und ermahnte sie: „Bleibt in der Jesusnachfolge!“

Ein erfülltes und gesegnetes Leben fand sein Ende.

Rudolf Kunz

Der barmherzige Samariter

Die Geschichte vom barmherzigen Samariter hat mich stets geärgert. Natürlich ist der Mann hilfsbereit, aber er hält sich doch sehr zurück. Er hilft zwar, ändert aber doch nicht wirklich die Situation des Überfallenen. Ich fand stets, dass er sich doch vornehm zurückhielt. Nein, wenn ich jemals in eine solche Situation kommen würde, dann würde ich ganz anders handeln.

Bis es dann eines Nachts soweit war. Nein, es ging um keinen Überfall. Es war alles ganz anders.

Es war eine sehr kalte Winternacht. Wieder einmal waren die Temperaturen durch einen scharfen Ostwind sehr tief gesunken. Meine Frau und ich, wir kamen vom Theater und saßen warm eingehüllt in unserem Auto und waren schon fast zu hause, als ich einen Mann auf einer Bank liegen sah. Ich fuhr langsamer, um zu sehen, was los war. Ja, der Mann hatte sich zum Schlafen auf die Bank gelegt. Vielleicht war er betrunken, vielleicht einer der Penner, die auch unser Dorf auf der Suche nach einer Bleibe durchstreiften. Jedenfalls lag er in seinem Mantel auf der Bank und versuchte zu schlafen. Mein Auto war längst stehen geblieben. „Wir müssen helfen", flüsterte meine Frau. „Er wird die Nacht so kaum überleben. Nehmen wir ihn mit nach Hause." „Und dann?", fragte ich ebenso leise. „Willst du ihn morgen wieder in die Kälte schicken? Soll er allein im Haus bleiben, wenn wir alle in die Schule gehen?" „Wir müssen helfen", beharrte sie. „Wir sind gefordert. Wer weiß, wer schon an ihm vorbeigegangen ist." Ich überlegte fieberhaft, dann fiel mir die Geschichte vom barmherzigen Samariter ein. Ja, der Mann hatte richtig gehandelt!

Ich verließ das Auto und ging zu dem Schäfer. „Hier können Sie nicht bleiben", sagte ich. „Willst du mich fortjagen?", fragte er schlaftrunken und sicher nicht nur vom Schlaf. „Nein", schlug ich vor. „Ich bringe Sie in ein Gasthaus. Dort können Sie für einige Tage bleiben." „Wer zahlt das?" „Ich werde es bezahlen." Er sah mich mit glasigen Augen groß an und erhob sich. Dann wankte er zu unserem Auto und stieg hinten ein, als ich ihm die Tür aufhielt.

So fuhren wir zum nächsten Gasthof. Der Wirt war nicht sehr angetan von dem späten Gast, aber als ich ihm die Situation erklärte, war er bereit, ihm ein einfaches Zimmer zu geben. „Ich zahle alles, was er gebraucht hat, wenn ich zurückkomme", erklärte ich und staunte über die

Worte, die mir doch so bekannt waren. Der Mann ging grußlos an mir vorbei auf sein Zimmer.
Am nächsten Tag ging ich zum Gasthof, um nach ihm zu sehen. „Der Mann hat geduscht und geschlafen. Am Morgen ist er nach dem Frühstück gegangen. Er hat Ihnen keine Nachricht hinterlassen“, erzählte der Wirt. Ich bezahlte das Zimmer und war froh, dass ich so gehandelt hatte. Unsere Lebenswege hatten sich kurz gestreift. Ich konnte seine Situation nicht ändern und hatte es auch gar nicht versucht.
Wenn ich heute die Geschichte vom barmherzigen Samariter lese, dann denke ich stets an diese seltsame Begegnung, als ich genauso handeln musste wie er.

Gestern Abend hatte ich ein erstaunliches Erlebnis

Ich kam vom Ältestentreffen. Eben hatte ich eine der Ältesten nach hause gefahren und den weiten Umweg über Nordrach gemacht. Das musste doch eigentlich als Sondereinsatz für den Herrn genügen, aber da stand ein junger Mann an der Straße nach Biberach, die ich eigentlich gar nicht fahren wollte und machte Anhalter. „Haben Sie das schon einmal erlebt, dass ein Autofahrer hält und sagt: „Steigen Sie ein. Ich fahre Sie nach Hause?“ Das habe ich auch noch nicht erlebt, aber ich bin es, der solche Worte sagt. Der junge Mann gestern war erfreut und nannte seine Adresse. Es war schon spät in der Nacht und sein Hof lag im hinteren Prinzbachtal. Es hatte geschneit und das Fahren war keineswegs einfach. Also fuhr ich nach Biberach und dann auf kleinen Straßen nach Prinzbach und den Berg hoch bis zu seinem Hof. Wir haben uns gut unterhalten, auch über mein Buch der „Wellenreiter“, den er anscheinend kannte. Zum Abschied sagte ich: „Sagen Sie Ihrer Mutter, ihre Gebete seien erhört worden.“ Dann bemühte ich mich durch die Nacht wieder nach Hause zu kommen. An den steilen Straßen bat ich dann um Hilfe, denn es war sehr kalt und jeder Unfall in der einsamen Gegend konnte tödlich sein. In den Nächten zuvor war eine Frau nur den kurzen Weg von der Haustür zum Briefkasten gegangen, dabei gestürzt und erfroren. Mir war innerlich und äußerlich sehr kalt auf diesen einsamen Bergstraßen. Für den jungen Mann wäre es sicherlich auch sehr schwer geworden, diese Strecke zu laufen. Ich kam gut nach Hause. Wer beschreibt mein Erstaunen, als ich eine Nachricht auf dem Anrufbeantworter fand. „Danke, dass Sie meinen Jungen heimgebracht haben. Danke, dass Sie hören können.“

Leere Hände

Gold und Silber haben wir nicht ...Wenn ich das so schreibe, kommt mir in den Sinn: Nein, das haben wir tatsächlich nicht. Die Arbeit in einem Wohnstift ist nicht einfach. Eine Hoffnungsgeschichte aus einem Altenheim?

Das klingt fast abwegig. Wie kann es dort noch Hoffnung geben, wo das Leben langsam verlischt. Aber gerade dort wird Hoffnung gebraucht. Glaube, Hoffnung und Liebe die alten paulinischen Grundpfeiler eines gelungenen Lebens. Es ist nicht einfach am Ende des Lebens zu stehen und die schweren Tage zu ertragen. Gerade deshalb ist ein bisschen Sonnenschein so wichtig.

Ich bin als Prädikant im Kinzigtal tätig und zu meinen Aufgaben gehören auch Besuche im Altenheim. Ebenso Gottesdienste, die ich gerne dort halte und besonders gründlich vorbereite. Den Menschen Hoffnung mitzugeben in den oft grauen Alltag, das ist eine schöne und schwere Aufgabe. Ich freue mich immer an den jungen Pflegern und Schwestern, die so froh und leicht mit den alten Menschen umgehen können. „Sehen Sie, der Sommer schaut durchs Fenster“ oder „Der Herbst malt wunderbare Farben, haben Sie das heute morgen schon bemerkt?“ Solche Worte machen Mut und öffnen die Augen für die Schönheit der Welt. Aber es ist nicht einfach Pflege anzunehmen. „Ich muss immer Hilfe annehmen und kann so wenig geben“, klagte eine alte Dame. „Das fällt mir sehr schwer.“

Mit diesem Gedanken bereitete ich einen Gottesdienst vor. Das Thema der Predigt stand in Apg.2, V.6 und hieß: „Gold und Silber haben wir nicht, aber was wir haben, geben wir dir. Im Namen Jesu Christi sage ich dir, stehe auf und gehe umher“, sagt Petrus zu einem gelähmten Bettler und streckt ihm die Hand entgegen.

„Eine leere Hand“, sagte ich zu den Besuchern des Gottesdienstes. „Nur eine leere Hand! Sie kann nichts tun, wenn sie nicht ergriffen wird. Sehen Sie: auch die andere Hand ist leer. Sie tut nichts anderes, als die ausgestreckte Hand. Die Hände berühren und ergreifen sich, aber dann wird beides wirksam. Dann kann es heißen: Steh auf und gehe umher. Keine Hand kann ohne die andere etwas tun. Geben ist sinnlos, wenn niemand annimmt. Geben und Annehmen sind absolut gleichwertig und nur dann kann Gottes Wort wirksam werden.“ Mit diesen Worten reichte ich einer Frau im Rollstuhl die Hand. Ein Lächeln flog über ihr Gesicht. „Das will ich nie mehr vergessen“, sagte sie. Dabei hielt sie meine Hand ganz fest. Dann wollte mir einer nach dem anderen die Hand geben, und ich ging durch die Reihen und nahm die Hände, die ein ganzes Leben lang gegeben hatten.

„Danke für den Mut und die Hoffnung, die Sie uns schenken“, sagte ein alter Mann zu mir.

„Die Hoffnung gibt ein anderer“, antwortete ich, „er trägt uns alle in seinen Händen und auf ihn dürfen wir hoffen.“

Flucht von der Autobahn

Meist haben wir sehr schnell gemerkt, warum wir etwas so oder so tun sollten und die Antwort auf das Gebet war ganz deutlich. Andere Erlebnisse aber blieben unklar. Warum haben wir die Autobahn verlassen müssen?

Wir waren damals oft auf der Autobahn unterwegs. Mutter wohnte weit entfernt in einer anderen Stadt. Wir haben sie oft besucht und unsere Kinder freuten sich stets auf die zeit mit der Oma. Es war immer so schön, dass wir regelmäßig erst sehr spät zurückfuhren.

Eines Abends kamen wir wieder von ihr in Richtung Heimat. Die Autobahn war wunderbar frei und wir freuten uns darüber, schnell nach Hause zu kommen. Die Kinder schliefen im Auto und alles war ruhig und harmonisch. Plötzlich spürte ich eine ganz deutliche Warnung. „Du musst die Autobahn so schnell wie möglich verlassen.“ Ich kenne diese Art von Anweisung, denn sie hat mir schon oft im Leben geholfen und mich vor schlimmen Situationen bewahrt.

Ich weiß aber auch, dass meine Frau stets auch eine Warnung bekommt, wenn es um die ganze Familie geht und diesmal saßen wir alle zusammen im Auto. Schnell warf ich einen Blick auf meine Frau. Sie schien ein wenig eingenickt zu sein und ich wandte mich wieder ganz ruhig dem Steuer zu. Fehlalarm! Auch das gibt es. Nicht jeder Gedanke ist richtig oder gar eine Warnung. Aber dann sagte sie ganz schlaftrunken: „Du, wir sollten die Autobahn an der nächsten Ausfahrt verlassen.“ Ich erschrak, denn damit hatte ich nicht mehr gerechnet. Ich hatte doch gerade den beunruhigenden Gedanken wieder zur Seite geschoben. Aber da war sie wieder, die leise Warnung: „Runter von der Autobahn!“ Ich erzählte es meine Frau und sie war hellwach. Wir beide schauten nach allen Seiten, konnten aber nichts entdecken. Wir schalteten das Radio ein und über den Sender kam die beruhigende Nachricht: „Uns liegen zur Zeit keine Meldungen von Verkehrsstörungen vor!“ War also alles doch nur Einbildung? Ich betete zu Gott und bat ihn um Hilfe und um Klärung. „Meine Gedanken kreisen“, sagte ich leise. „Ich habe das Gefühl, ich solle die Autobahn verlassen, aber dann wird der Heimweg viel länger. Die Kinder schlafen so schön und ich bin auch müde.“ Es wurde ein kurzes, aber sehr intensives Gebet, aber der Frieden stellte sich nicht ein. Stattdessen fühlte

ich eine Gefahr auf uns zukommen, als würde die Autobahn brennen und wir bangten darum, ob wir die Ausfahrt rechtzeitig erreichen könnte
Endlich wurde die Ausfahrt angezeigt und ich setzte den Blinker. Meine Frau nickte und sagte: „Ich habe darum gebetet, dass wir die Autobahn noch rechtzeitig verlassen können! Gott sei Dank!“ Wir waren beide sehr erleichtert.
Wir fuhren über die Bundestraßen heim und der Weg war länger und beschwerlicher, aber wir waren froh, auf sicheren Sra0en zu fahren.
Natürlich haben wir die Verkehrsnachrichten im Radio verfolgt, aber keine Meldung über Verkehrsstörungen kam.
Wir wissen bis heute nicht, warum wir die scheinbar so sichere Autobahn verlassen mussten, aber wir sind sicher, dass es richtig war, der Warnung zu folgen.
Vertrauen heißt, einen gewiesenen Weg zu gehen, auch wenn man nicht versteht, warum gerade jetzt dieser Umweg sein muss.
Renatus Reiche

Mutters Engel

Engel sind leichtfüßige, blonde Wesen mit langen Haaren und weißen Kleidern, die vom Himmel herabschweben und um uns sind, um uns zu beschützen. So werden Engel auf den Bildern dargestellt, die unsere Großeltern so sehr geliebt haben. Schutzengel behüten Kinder vor dem Sturz in den Abgrund oder sie halten schützend die Hände über sie, wenn sie allein durch einen dunklen Wald müssen.
Engel können auch ganz anders aussehen.
Mutters Engel war ganz anders. Wie so viele Dinge versteht man Manches erst im Rückblick. Es ist wie bei einer Wanderung. Schritt für Schritt geht man den Lebensweg vorwärts und erst beim Zurückschauen sieht man, dass mehr als eine Fußspur denselben Weg gegangen ist. „Gerade in den schwersten Zeiten hast du mich allein gehen lassen, denn ich sehe nur eine Fußspur“, erzählt ein bekanntes Gedicht. Aber Gottes Antwort lautet:„Du siehst nur eine Fußspur, weil ich dich getragen habe.“
Gott kannte meine Mutter besser als ich, deshalb hat er ihr einen Engel zur Seite gestellt, den ich zu seinen Lebzeiten nicht erkannt habe.
Mit 84 Jahren ist Mutter gestorben. Sie hatte noch eine Knieoperation machen lassen, aber davon erholte sie sich nicht mehr. Vielleicht hat ihr Körper die Anstrengungen nicht

verkraftet, vielleicht lag es aber auch daran, dass meine schwerbehinderte Schwester ein halbes Jahr zuvor verstorben war. Von dem Tod dieses Mädchens, dieser Lebensgefährtin durch viele Jahrzehnte, hat sich Mutter nicht erholt, und ich hatte gedacht, eine Last fiele von ihrer Schulter.

Bei der Trauerfeier für meine Schwester sang ein Sänger ein Lied von einem Engel. Er hatte den Auftrag zwei Lieder zu singen, ein Ave Maria und ein italienisches Volkslied, das meine Mutter sehr geliebt hatte, aber er fügte noch ein drittes Lied hinzu. Er sang von einem Engel, der herabgestiegen war, um das Leben mit jemandem zu teilen und um den Menschen, den er begleitet hat, in den Himmel heimzuholen.

Danach blieb ich noch lange sitzen, und die Melodie und der Text klangen in mir nach. „Ich habe es für Ihre Mutter und Ihre Schwester gesungen“, sagte der Sänger. „Ich hatte das Gefühl, ich solle das tun“. Ich bin ihm sehr dankbar dafür, weiß ich doch schon lange, das geistige Führung nur über das Gefühl möglich ist. Der Verstand versteht so Vieles nicht, aber das Herz versteht und findet dann den richtigen Weg. „Ein Engel hat deine Mutter begleitet“, sagte das Lied, und es war, als würde ein Schleier von meinen Augen fortgezogen, und ich verstand ein Geheimnis.

Engel offenbaren sich nie, wenn sie auf Erden tätig sind. Man erkennt immer erst später, dass sie da gewesen sind. So war es auch mit dem Engel, der meine Mutter begleitet hat.

Es war keine leichte Zeit, für beide nicht, für Mutter und Tochter, aber nur so konnte Mutter die vielen Aufgaben lösen, die ihr das Leben gestellt hat.

Ich bin sehr dankbar dafür, dass ich das verstehen durfte und zeichne die Spuren nach, die noch sichtbar sind, die aber sonst verwehen würden wie die Spuren im Sand.

Der Winter 1948/49 gehörte zu den kältesten des Jahrhunderts. So hat meine Mutter immer wieder erzählt. Ich war damals noch zu klein, um mich an die schwere Hungerzeit zu erinnern. Aber Mutter war mit uns drei Buben allein und musste versuchen, uns durchzubringen. In diesem Winter wurde nun auch noch das vierte Kind, meine Schwester Thora oder Thorchen, wie sie zeitlebens heißen sollte, geboren. Die näheren Umstände sind mir unbekannt. Ich nehme an, dass wir bei meiner Großmutter waren, die uns später auch den Haushalt geführt hat. Mutter erzählte, wie glücklich sie war, dass ein Mädchen geboren wurde. Mein Vater hatte sich stets auch ein Mädchen gewünscht und nun war die Familie vollständig.

Aber das Kleine weinte nicht und schrie nicht, wie es hätte sein sollen. Der erste Schrei entfaltet die Lungen, sagte man und man legte größten Wert auf den ersten Schrei. Doch ganz

gleich, was man tat, das Kind schluchzte nur und schrie nicht. Auf den ersten Blick war es ein schönes Mädchen, aber schon sehr bald merkte man, dass es nicht trinken konnte und wohl behindert war. Das Ausmaß der Behinderung war noch nicht absehbar, und man kannte sich mit Behinderten nicht so aus wie heute. War das Kind überhaupt lebensfähig? Der Arzt machte meiner Mutter keine große Hoffnung. „Wenn das Kind nicht trinken kann, wird es sterben“, sagte er ihr. „Auf diesen Gedanken müssen Sie sich einstellen.“ Sterben! Wer dachte nach all dem Schrecklichen, was passiert war, darüber wie heute. Tausende, ja Millionen von Menschen waren unter schlimmsten Umständen geboren worden. Was hatte der Arzt, der Mutter untersuchte und behandelte nicht alles erlebt. Mutter ließ sich nichts anmerken, aber sie fasste den Entschluss, der ihr Leben retten sollte. „Dieses Kind soll leben“, beschloss sie, „ich will alles tun, damit dieses Kind lebt.“
Ein schwerer Entschluss. Drei Buben warteten auf Mutter. Die Wohnung, in der wir bisher gelebt hatten, war gekündigt worden, da es eine Dienstwohnung war, die zum Pfarrhaus gehörte. Vater war Hilfspfarrer gewesen, weil er seine Examen noch nicht hatte. Man hatte ihr die Wohnung gegeben, in der Hoffnung, dass der junge Pfarrer nach seinem Examen die Stelle übernehmen würde. Aber dann war er wieder an die Front gerufen und verschollen. Man musste so handeln, hieß es. Nun stand Mutter mit ihren vier Kindern nun auf der Straße. Wie sollte es denn weitergehen? Eine verzweifelte Situation. In dieser Lage gab es keine Hilfe, sondern eine neue Aufgabe wurde zu den übrigen schier unlösbaren neu dazugestellt.

Warum legt uns Gott noch eine Aufgabe auf die Schultern, wenn wir doch kaum in der Lage sind, die bisherigen zu bewältigen? Warum sandte er ihr nicht einen Engel, der ihr eine Wohnung gab, der ihr Geld gab, der ihr Chancen gab etwas aufzubauen? Warum ein kleines behindertes Mädchen? Gottes Wege sind unergründlich Es steht uns kein Urteil zu, denn er weiß besser, wie unser Leben einmal sein wird. Der kleine Engel begann seine Aufgabe, aber es war für beide nicht einfach.

Wir bekamen eine neue Wohnung in einem Stadtteil weit außen vor der Stadt. Für uns Buben war es ein Paradies, weil wir in der freien Natur sein konnten. Wir haben Hilfe bekommen und Mutter eine gewaltige Aufgabe.
Thorchen musste mit dem Löffel gefüttert werden! Mutter fand das Verfahren heraus, da Thorchen nicht in der Lage war zu trinken, aber winzige Portionen konnte sie von einem Mokkalöffel aufnehmen. Ich sehe Mutter noch vor mir, wie sie die Kleine auspackte. Das Baby war nur noch Haut und Knochen und doch das Mädchen, das sich Mutter so sehr

gewünscht hatte. Um uns herum standen geschenkte Möbel. Die Wohnung war klein und kalt, aber es war eine Wohnung und in der Zeit konnte man nicht wählerisch sein. Mutter wäre vielleicht wie so viele der Verzweiflung anheim gefallen, aber nun hatte sie ihre Aufgabe. Sie schien die Welt um sich herum nicht mehr wahrzunehmen, wenn sie am Tisch saß, das kleine Bündel in den großen Windeln auf dem Arm und Löffelchen für Löffelchen das Baby fütterte. Es war kalt in der Wohnung, weil Brennmaterial fehlte, um den Ofen zu heizen. Wir hatten kaum zu essen, aber Mutter saß Stunden mit dem Baby auf dem Arm und fütterte das Kleine. Wir Kinder wurden trotzdem von ihr beachtet, und wir halfen gern. Wie viele andere Kinder sammelten wir Holz in den Wäldern, damit Mutter heizen konnte, und freuten uns, wenn es für einige Stunden einmal warm in der Wohnung wurde.
Mutter lebte in der Betreuung ihres kleinen Mädchens auf. Das war eine ganz persönliche Aufgabe, die sie sich stellte und die sie unbedingt erfüllen wollte. Mutter hatte nicht sehr viel innere Kraft, die vielen Schwierigkeiten zu ertragen, die ihr das Leben stellte. Wir Kinder wussten nicht, warum Mutter weinte, wenn sie Briefe bekam und warum sie abends solange an ihrem Schreibtisch saß. Wenn ich jetzt zurückschaue, bin ich mir sicher, dass Mutter an den Schwierigkeiten zerbrochen wäre, wenn sie nicht die riesige Aufgabe gehabt hätte, das kleine abgemagerte Wesen, das dem Tod so nahe war, zum Leben zu bringen. Das gab ihr Kraft zu leben und alle Schwierigkeiten zu meistern.

Und sie meisterte ihre Aufgabe. Thorchen gedieh und lernte laufen! Niemand hätte das für möglich gehalten, aber sie lernte mit unendlicher Geduld von Mutter und mit Spezialschuhen im Alter von fünf Jahren laufen. Trotzdem war sie immer auf Mutters Pflege angewiesen. Sie wuchs mit uns heran, ging zur Schule und lernte fleißig, aber wenn wir Buben zum Spielen herausgingen, blieb sie bei Mutter und half ihr, so gut sie konnte. Sie konnte nicht richtig mitarbeiten, aber sie war da, und Mutter musste sich um sie kümmern. Sie brauchte Hilfe und damit war sie eine Stärkung für Mutter. Mutter konnte ihr Liebe geben, und Thorchen verstand es, diese Liebe auch anzunehmen. Das fiel ihr nicht immer leicht. Thorchen rebellierte manches Mal dagegen, dass sie nicht sein konnte wie die anderen und wie wir. „Warum kann ich nicht gesund sein?“, fragte sie immer wieder und erzählte davon, dass sie nachts träumte, sie wäre gesund. Am Morgen, wenn sie erwachte, dann war sie wieder behindert. Aber wer sagt denn, dass ein Engel eine leichte Aufgabe hat? Dürfen nicht auch Engel fragen: „Warum tust du das Gott?“ Thorchen stellte die Frage und litt an dieser Frage.

Ich war dabei, als Thorchen zu einem Gottesdienst eines Missionswerkes ging, um ihr Herz für Jesus zu öffnen und um Gesundheit zu bitten. Sie hatte den Glauben gesund zu werden, und der Missionar hatte die Gewissheit um Gesundheit beten zu dürfen. Aber sie wurde nicht gesund. Der Missionar sagte ihr: „Deine Mutter und du, ihr habt einen gemeinsamen Auftrag, den ihr erfüllen müsst. Du musst lernen, deine Aufgabe anzunehmen.“ Es fiel Thorchen schwer, ihren Auftrag anzunehmen, aber sie tat es. Sie fragte nicht mehr nach dem Warum, sondern sie lebte mit Mutter, so gut es ging.

Mutter wurde Lehrerin und später Studienrätin. Sie arbeitete viel und hart. Aber in den Ferien bereiste sie die ganze Welt, machte Sprachkurse und sah sich Sehenswürdigkeiten an. Thorchen fuhr mit. In den vielen Arbeitsstunden saß sie in ihrem Rollstuhl und strickte oder machte andere Handarbeiten. Sie war einfach da und brauchte Pflege und Aufmerksamkeit. Für Mutter aber war sie die Beraterin, die Freundin und die Lebensgefährtin.
Mutter blieb nie lange auf ihrem Stuhl sitzen, ohne aufzuspringen, um nach Torchen zu sehen. Thorchen bekam ihre ganze Aufmerksamkeit und Liebe, die Mutter zu geben hatte.

Thorchen begleitete Mutter auch auf den Krankenhausaufenthalten. Sie war stets im Krankenbett nebenan und umgekehrt. Als Thorchen schwer krank wurde und lange im Krankenhaus lag, war Mutter stets bei ihr und übernahm selbstverständlich einen Teil der Pflege.

Ich muss gestehen, ich war manchmal eifersüchtig, aber so war es nun einmal, und durch Thorchen bekamen wir Buben die Freiheit, als junge Männer in die Welt hinausgehen zu können und eigene Familien zu gründen.
Die Zeit verging. Mutter sah ihre Enkel aufwachsen, und sie sah auch noch ihre Urenkel. Wenn ich nach Hause kam und meine wachsende Kinder und Enkelschar vorstellte, saß Thorchen mit großen Augen im Rollstuhl und sah zu. Sie sagte wenig, aber sicher erzählte ihr Mutter immer wieder, was sie empfand und was sie zu der Enkelschar sagen wollte. Thorchen war Mutters Engel, ohne den sie nicht leben konnte.
Für die beiden wurde es schwerer, als Mutter älter wurde. Es fiel ihr immer schwerer den Rollstuhl zu schieben und Thorchen zu pflegen.
Kurz nach Mutters 80. Geburtstag rief Mutter an und erzählte weinend, dass Thorchen still heimgegangen sei. Sie wurde 60 Jahre alt. 60 Jahre, in denen sie fast täglich davon träumte, gesund zu sein und jeden Tag ihre Behinderung begreifen musste.

Zu ihrer Beerdigung kamen viele Menschen, die sehr wohl wussten, wer Thorchen war. Mutter wollte gern, dass das Lied vom Engel gesunden wurde, aber der Sänger war indisponiert und fand außerdem Text und Noten nicht rechtzeitig.

Mutter war nicht mehr dieselbe, als Thorchen nicht mehr da war. Ich nahm an, eine große Belastung sei von Mutter genommen, aber so war es nicht. Ihre Kraft ging mit Thorchen. Mutter ging jeden Tag zum Friedhof und suchte die Nähe Thorchens. Sie stellte einen kleinen Engel auf das Grab.

Dann wagte Mutter den Schritt, sich das zweite Knie operieren zu lassen, aber das war ohne Thorchen einfach nicht zu schaffen. Ich bin sicher, sonst hätte sie die Operation und die Reha-Klinik gemeistert, aber ohne ihren Engel war es zu schwer.

Engel sind leichtfüßig und schweben unsichtbar neben uns durch das Leben, aber nicht immer.
Manchmal sehen unsere Engel ganz anders aus, aber es sind Engel, die ihre Aufgabe von Gott bekommen haben.

Der Himmel ist nicht so fern

Eine ältere Frau aus unserer Gemeinde – nennen wir sie Frau Schmidt – sagte oft: „Der Himmel ist nicht so fern!“ Sie war fest davon überzeugt, dass Gebete erhört werden und lebte voll und ganz in diesem Vertrauen.
Auf meinem Schulweg von Hamm nach Dortmund fuhr ich täglich an ihrem Haus vorbei. Ich wusste, dass sie schwer zuckerkrank war und ganz allein lebte. Trotzdem machte sie sich keine Sorgen.
„Mir passiert nichts“, sagte sie, „Gott passt auf mich auf!“
Eines Morgens fuhr ich wie gewohnt zur Schule und hatte es eigentlich furchtbar eilig, weil meine Frau und die Kinder mich aufgehalten hatten, oder weil ich einfach zu spät aufgestanden war.
Als ich die Hafenstraße hinunterfuhr und gerade auf der Höhe von Frau Schmidts Haus war, mahnte mich ein Gedanke: „Schau bei Frau Schmidt herein!“
Ich trat intuitiv auf die Bremse und dachte kurz nach. Ausgerechnet heute hatte ich nun wirklich keine Zeit! Aber der Gedanke ließ mich nicht los.

Gegen alle vernünftigen Überlegungen stieg ich aus, verschloss die Wagentür und ging hinüber zu ihrem Haus. Natürlich klingelte ich, aber niemand machte auf. Ich wollte schon wieder gehen, da fiel mir auf, dass die Haustür nur angelehnt war. Neugierig trat ich ins Treppenhaus und lief die Stufen hoch, bis ich vor Frau Schmidts Wohnungstür stand. Auch hier stand die Tür einen Spalt breit offen. Ich klopfte. Ein deutliches Stöhnen drang aus der Küche zu mir herüber.

Ich stürzte hinein und fand Frau Schmidt auf dem Boden liegend. Sie litt an einer Unterzuckerung und konnte den rettenden Zucker auf dem Tisch nicht mehr erreichen. Merkwürdigerweise wunderte sie sich überhaupt nicht, mich zu sehen und zeigte nur stöhnend auf den Zucker. Ich verstand und reichte ihr den Zucker. Nach und nach erholte sie sich.

Als wir zusammen am Tisch saßen, sagte ich: „Das war aber knapp, Frau Schmidt. Was hätten Sie gemacht, wenn ich nicht gekommen wäre?“

Sie lachte verschmitzt über das ganze faltige Gesicht. „Aber Sie sind doch gekommen!“

„Na ja, ich bin zufällig vorbeigekommen“, sagte ich. „Eigentlich müsste ich längst in der Schule sein.“

„Nein“, sagte sie, „nicht zufällig. Ich war leichtsinnig und habe den Zeitrhythmus nicht eingehalten, sonst wäre nichts passiert. Aber als ich merkte, dass ich ohnmächtig würde, da habe ich zum Herrn gebetet. Ich habe ihm einen Vorschlag gemacht: „Schick doch den Zurbrügg, wenn er gleich hier vorbeifährt. Der hört wenigstens …“

Ich musste laut lachen, aber sie meinte es durchaus ernst.

„Doch“, sagte sie, „man kann Gott auch Vorschläge machen. Für mich ist es eine Antwort auf mein Gebet, dass Sie gekommen sind.“

Ich sah sie nachdenklich an. Natürlich kamen hier zwei Dinge zusammen – und warum sollte es nicht so sein? Ich hatte ja tatsächlich den Gedanken bekommen, nach ihr zu sehen.

Ich verabschiedete mich und fuhr zur Schule. War das eine Antwort auf ein Gebet gewesen? Hatte mich Gott zur Frau Schmidt geschickt oder hatte ich nur ihren Wunsch gespürt?

Als ich in der Schule ankam, geschah etwas Erstaunliches: Normalerweise ist es ein großes Vergehen, wenn jemand unentschuldigt fehlt. Aber an jenem Morgen blickt mich mein Rektor nur seltsam an und meinte: „Ich habe Ihre Klasse versorgt. Es ist so in Ordnung.“

Da spürte ich, dass etwas ganz Besonderes geschehen sein musste.

„Der Himmel ist nicht so fern“, sagte Frau Schmidt immer. Vielleicht hatte sie doch Recht.

Nur ein Umweg

Eigentlich wollte ich eben nur zur Sparkassen fahren und den Kontostand abrufen. Ein kleiner Umweg, der nur wenige Minuten Zeit in Anspruch nimmt. Aber dann sah ich beim Einbiegen in die Nordracher Straße eine Frau am Straßenrand stehen. Sie winkte allen Autos fröhlich zu, aber sie sah ihnen dann doch enttäuscht nach. Ich hielt an, beobachtete die Szene und merkte bald, dass das fröhliche Winken ganz anders gemeint war. Sie wollte ein Auto anhalten und wusste nur nicht, wie man das macht. So wurde sie für absonderlich gehalten, oder man winkte fröhlich zurück. Eigentlich hatte ich keine Zeit, aber was heißt eigentlich. Meine Vorbereitungen für die Schule warteten und das Abendessen auch. Aber war das alles so wichtig? In diesem Augenblick nicht.

Also fuhr ich die Nordracher Straße hinein und hielt an.

„Sie wollen nach Nordrach?“, fragte ich die alte Frau.

„Ja“, sagte sie. „Aber niemand hält an.“

„Steigen Sie ein, ich bringe Sie nach Hause.“

Hocherfreut stieg sie ein. „Aber Sie wollten doch nur zur Sparkasse?“, fragte sie.

Sie hatte mich also auch beobachtet.

„Ja“, sagte ich, „aber ich sah, wie Sie den Autos zuwinkten, und so hält sicher niemand an. Ich bringe Sie heim. Vielleicht kennen Sie mich. Ich bin Lehrer hier.“

Mit der Vorstellung nahm ich ihr die Bedenken. „Dann los, junger Mann“, sagte sie.

Mit dem Auto war die Strecke kein Problem, aber zu Fuß wäre es sehr weit gewesen. Trotzdem kamen wir ins Gespräch und sie erzählte, wie sie in jungen Jahren in verschiedensten Haushalten tätig war. Sogar bis Villingen war sie gekommen. Ein Leben im Dienst am Menschen. Viele Familien hatte sie erlebt und viele Kinder großgezogen. So viele, dass für eigene nie Platz im Leben war. Nun lebte sie in Nordrach auf einem Hof, dessen Besitzer sie erzogen hatte. Ein reiches, aber kein einfaches Leben.

Als ich anhielt, um sie aussteigen zu lassen, sagte sie: „Ich habe kein Geld, aber ich werde für Sie beten. Ich werde Sie in mein Nachtgebet einschließen. Vergelt ´s Gott!“

Ich sah ihr nach, wie sie langsam den kleinen Berg zum Hof hinaufging.

Wie sagte Petrus zu dem lahmen Bettler vor dem Tor: „Gold und Silber haben wir nicht. Aber was wir haben, geben wir dir...“

Das Gebet eines Menschen vermag viel, wenn es gerecht ist, heißt es.

18. Februar 1997

An diesem Tag hat mir Gott auch wieder auf eine ganz spezielle Weise zur Seite gestanden. Die ganze Begebenheit ist trotz ihrer Dramatik kurz erzählt.

Es war am Nachmittag kurz vor 15 Uhr. Ich war mit meinem Auto auf dem Weg zur Arbeit. Unterwegs komme ich an einer Kreuzung vorbei. Dort muss ich nach links abbiegen.

Da ich auf diese Kreuzung von einer Brücke herunter zufahre, hatte ich einen guten Überblick, ob jemand kommt. Ich bremste ab und sah, dass links zwei Pkw 's fuhren, die abbiegen wollten, von rechts kam keiner und so war die Kreuzung für mich frei.

Deshalb fuhr ich langsam weiter. Plötzlich tauchte hinter den abbiegenden Fahrzeugen ein drittes Fahrzeug auf. Ich glaubte erst die Straße würde sich bewegen, als ich feststellte, dass sich hier ein Auto äußerst zügig nähert. Es kam natürlich zu einem heftigen Zusammenstoß. Der Fahrer erwischte mich von vorne links, so dass sich mein ganzes Fahrzeug 1 ½ mal drehte und ich in die entgegengesetzte Richtung zum Stehen kam.

Wir hatten an beiden Fahrzeugen Totalschaden. Glücklicherweise stiegen sowohl der Fahrer des anderen Fahrzeuges als auch ich unverletzt aus unseren Autowracks aus.

Wieder hatte ich Gelegenheit Gott dankbar zu sein für seine Leitung und seinen Schutz.
Conny Armbruster

Frankfurt

Wir besuchten eine große Jugendtagung in Frankfurt. Ich hatte an den Vorbereitungen teilgenommen und freute mich, aktiv dabei zu sein.
Da mir als Studentin die Übernachtungskosten zu hoch erschienen und meine Freundin aus unserer Heimatstadt nach Frankfurt gezogen war, wollte ich bei ihr übernachten. So sparte ich Geld und konnte gleichzeitig die Freundin wiedertreffen.
Böhnchen – so wurde sie genannt – war Arzthelferin bei einem Facharzt . Sie holte mich vom Bahnhof ab und beschrieb mir den zehnminütigen Weg zum Tagungsort. Ich wollte nämlich

gern zu Fuß gehen, und sie hatte bis abends noch in der Praxis zu tun. Am Schluss der Abendveranstaltung sollte ich sie anrufen. Dann wollte sie mich abholen.

Alles verlief wie geplant. Nach dem Schlussgebet verabschiedete ich mich und rief Böhnchen an.

„Du, wir haben einen Notfall! Nimm ein Taxi!", sagte meine Freundin in Eile.

„Ach was, ein Taxi! Die kurze Strecke laufe ich doch", dachte ich und klapperte los. Damals trug ich gern hohe Stöckelschuhe.

Voll mit guten Gedanken aus der Tagung erreichte ich das letzte Teilstück meines Weges: eine ziemlich gerade verlaufende Straße, die auf der einen Seite von hohen Bürohäusern gesäumt war; gegenüber lag irgendwo im Dunkeln eine versteckte Villa mit Gartentor. Am Ende dieser Straße, das wusste ich, lag hinter einer leichten Biegung das Eckhaus, in dem sich die Praxis und darüber Böhnchens Wohnung befanden. Zielstrebig bog ich in diese Straße ein. Etwa 100 Meter entfernt mündete eine Querstraße.

Gerade zur selben Zeit fuhr ein Taxi die Straße entlang. Etwas in mir sagte. „Steig ein!"

„Blödsinn", dachte ich, „eine kleine Studentin fährt Taxi … Soweit kommt es noch!"

Das Taxi fuhr die Straße bis ans Ende und kam langsam zurückgefahren, als suche es jemanden. Erneut fuhr es an mir vorbei.

„Nimm dieses Taxi!"

„Unsinn! Ich bin doch gleich da!"

Dreimal erhielt ich die unmissverständliche Aufforderung dieses Taxi zu benutzen.

Als ich mich das dritte Mal dagegen entschied, fuhr der Wagen zügig davon.

Genau in diesem Augenblick sah ich den Mann. Mit entblößten Genitalien kam er aus der Seitenstraße in „meine" Straße – und ich wusste sofort, dass mir Gefahr drohte. In panischer Angst versuchte ich, ein paar Leute anzusprechen, die gerade in ihr Fahrzeug einsteigen wollten.

„Ich werde verfolgt", sagte ich ihnen. „Könnten Sie mich vielleicht bis zum Ende der Straße fahren?"

Der Mann hatte sich wieder zurückgezogen. Die Angesprochenen hielten meine Bitte wohl für einen Scherz und fuhren lachend davon. Da ich also keine Hilfe von ihnen bekam, andererseits aber bemerkt hatte, dass der Mann weiter in meine Richtung gegangen war, überlegte ich fieberhaft, was ich tun könnte. Nein, gebetet habe ich nicht – darauf kam ich in diesem Moment gar nicht.

Ich sah mich um. Ganz klar, als wäre ich die Straße schon einhundertmal gegangen, stand die räumliche Gliederung vor meinen Augen: Gegenüber leere Büroräume. Leere Häuserhüllen, die keine Hilfe boten und auf meiner Seite der Garten mit dem breiten Tor, dahinter die Villa.

Ich versuchte herauszufinden, wo sich der Mann aufhalten mochte. Er hatte die Fahrbahn überquert, war aber noch auf meiner Seite. Da hörte ich Kies knirschen – und wusste sogleich, wo er steckte.
In meinem Kopf überstürzten sich die Gedanken. Ich hatte Stöckelschuhe mit Pfennigabsätzen an, konnte allerdings sehr gut damit laufen und sogar rennen, um zum Beispiel eine Straßenbahn noch zu erreichen. Mein Problem war, dass ich zum richtigen Zeitpunkt losrennen musste. Startete ich zu früh, würde ich es nicht vor dem Mann bis zu dem Eckhaus schaffen. Lief ich zu spät los, saß ich sowieso in der Falle.
Während ich so mit meinen Überlegungen beschäftigt war, erhielt ich plötzlich einen Schubs (wirklich!) und rannte, noch ehe ich mich versah, im wahrsten Sinne des Wortes um mein Leben. Der Mann rannte auch, ich hörte ihn hinter meinem Rücken keuchend näherkommen.
Als ich völlig außer Atem die Klingel der Arztpraxis drückte, stand mein Verfolger breitbeinig hinter mir, die Arme rechts und links neben mir auf die Türpfosten gestützt.
Ich hatte meine Hand flach auf alle Klingelknöpfe gelegt und hätte auch alle gedrückt, wenn er mich berührt hätte. Mir schien es eine Ewigkeit, bis ich Böhnchens Stimme hörte. Endlich! Da lösten sich seine Hände vom Haus und er verschwand um die Ecke. Sicher passte er auf, ob ich eingelassen würde.
Im Fahrstuhl brach ich zusammen, und es bedurfte einer Spritze, um mich wieder zu beruhigen.
Meine Freundin schüttelte nur vorwurfsvoll den Kopf. „Ich hatte dir doch gesagt, du solltest ein Taxi nehmen. In Frankfurt geht man nachts nicht allein durch die Straßen!“
Am nächsten Tag meldeten die Nachrichten, dass ein geflohener Sexualverbrecher wieder gefasst worden sei. In unserer Straße!
Margarete Zurbrügg

Kürzlich ist mir eine eigenartige Geschichte passiert:
Etwas zum Schmunzeln, aber nach einer wahren Begebenheit erzählt:

Wie jeden Freitag ging ich in den Supermarkt, um für das Wochenende einzukaufen. Das ist nicht ungewöhnlich und außer mir werden das Millionen Männer und Frauen tun.
Aber an diesem Freitag stand eine hübsche blonde junge Frau hinter mir. Auch das ist nicht ungewöhnlich. Am Freitag sind die Supermärkte auch voll von hübschen jungen blonden

Frauen, die auch einkaufen müssen, weil sie allein sind, weil sie ihren Freund gerade wieder einmal verlassen haben, oder weil sie einfach Lust zum Schoppen haben und ihre neue Kleidung ausführen wollen, denn wo hat man sonst so ein Publikum. Ich bedauerte gerade, dass sie hinter mir stand und nicht vor mir, da sprach sie mich an: „Das war schwierig, Sie zu finden! Überall habe ich Sie gesucht und dann sind Sie genau an der Stelle, wo Sie gebraucht werden!“ Ich kenne nun jede Art von Anmache, aber so etwas hatte ich noch nie gehört. „Sie sind an der Stelle, wo Sie gebraucht werden!“, hatte sie gesagt. Ich wandte mich um und sah in ihre himmelblauen Augen. „Was meinen Sie?“, stotterte ich verwirrt. „Kann ich Ihnen helfen?“ Bei ihrem Blick blieb mir fast das Herz stehen. Sie lächelte mich an, dass ich dafür auch meinen Einkaufswagen mit all den hart erkämpften Pizzas hätte stehen lassen. „Nein, nicht ich. Vor Ihnen!“ Ich drehte mich spontan um, aber ich spürte auch einen herben Stich in der Herzgegend. Natürlich hatte sie nicht mich gemeint, sondern den jungen Mann vor mir. Wie konnte ich auch nur denken, sie habe mich gemeint. Natürlich hatte sie sich in den Jungen im Muskel T-Shirt verguckt.

In dem Moment schrie die Kassiererin auf. „Mein Schlüssel ist weg! Ich kann nicht weiterarbeiten.“

Nun bin ich auch kein Kommissar und auch nicht mehr in dem Alter einem Dieb nachzulaufen. Die Menschen hinter mir und vor mir suchten sich rasch eine neue Kasse, weil sie wussten, nun wird es länger dauern. Ich fühlte mich nach vorn geschoben und fragte schon, ehe ich es wollte: „Kann ich Ihnen helfen?“ Die Frau schaute mich hilflos an. „Eben habe ich meinen Schlüssel noch gehabt. Jetzt ist er fort.“

„Was haben Sie als Letztes getan?“, fragte ich ganz spontan, weil meine Frau mir immer genau diese Frage stellt, wenn ich etwas verlegt habe. „Ich habe die Kasse geschlossen“, gestand sie. „Jetzt ist der Spezialschlüssel fort und ich kann sie nicht mehr öffnen.“ gemeinsam schauten wir rund um die Kasse nach dem Schlüssel. Ich fühlte, wie mich die Blicke der anderen Kunden verfolgten. Dann begaben wir uns auf dem Boden auf die Suche, aber leider auch erfolglos.

„Sie werden den Schlüssel versehentlich mit dem Geld in die Kasse gelegt haben“, kam mir plötzlich eine Idee. „Das wäre die einfachste und die einleuchtendste Erklärung. So etwas passiert.“ Sie sah mich entgeistert an. „So etwas passiert“, sagte ich und verschwieg, dass es mir eben jemand eingeflüstert hatte, der mich vorhin noch angesprochen hatte, ich würde hier gebraucht.

Ich sah mich nach der jungen hübschen blonden Frau um und konnte niemanden mehr entdecken. „Was mach ich nur?“, fragte die Kassiererin. „Ruf an!“, schlug die Frau von der Nebenkasse vor. „Sag ihnen, was passiert ist und sie sollen einen Boten schicken.“
„Du weißt, was das heißt“, antwortete meine Kassiererin. „Dann ist mein ganzer Lohn für einen Arbeitstag fort.“ „Dann geh selber“, sagte die junge Frau ärgerlich und beeilte sich ihre Kunden zufrieden zu stellen.
„Ich fahre Sie“, sagte ich schneller als ich denken konnte. „Sie schickt der Himmel“, seufzte meine Kassiererin. „Würden Sie das wirklich tun?“ Ich dachte an die himmelblauen Augen, den Blick der jungen Frau und die Tatsache, dass sie gesagt hatte, ich würde hier gebraucht. Ob ich sie so wiedersehen würde?
Ehe ich mich versah, saß ich im Auto neben der älteren Kassiererin und fuhr durch unsere Stadt. Fuhr zur Zentrale des Supermarktes, wo sie einen Schlüssel ausleihen konnte, fuhr sie zurück zum Supermarkt, dann wieder zur Zentrale, denn als sie die Kasse öffnete, lag dort der Schlüssel. So konnte sie den Hauptschlüssel wieder abgeben, denn niemand anders durfte ihn in die Hand bekommen.
Ich fuhr hin und her durch die Stadt und ärgerte mich über die himmelblauen Augen, die mir das angetan hatten.
Meine Kassiererin war jedenfalls überglücklich und beschenkte mich mit einer kleinen Flasche Sekt. „Sie hat der Himmel geschickt!“, sagte sie nochmals, als sie mir meinen Einkaufswagen abrechnete und ich endlich meine Sachen zusammenpacken konnte. „Nehmen Sie das ruhig wörtlich“, sagte ich. Sie sah mich an, als hätte ich den Verstand verloren und winkte den nächsten Kunden an ihre Kasse.

Damit hätte die Geschichte zuende sein können, aber sie war es nicht.
Kaum verließ ich den Supermarkt, da stand dort die hübsche junge blonde Frau mit der Traumfigur und den himmelblauen Augen. Diesmal war ich vorsichtig und umging ihre verführerische Gestalt. Gerade, als ich meinen Einkauf verstaute, hörte ich, wie sie zu jemandem neben mir sprach. Ich schaute aus den Augenwinkeln hin. Sie sprach tatsächlich wieder einen jungen Mann an. „Hat das gedauert, bis ich Sie gefunden habe!“ Die gleichen Worte, der gleiche verführerische Tonfall und ganz sicher auch der gleicher Augenaufschlag mit den himmelblauen Augen. „Sie werden hier gebraucht!“ Der junge Mann war genauso fasziniert wie ich, da hörte ich eine junge Frau aufschreien und schon rollte ein ganzer Einkauf aus einem umgestürzten Einkaufswagen über den Parkplatz. Ich muss gestehen, in dem Moment war ich sehr froh, dass sie ihn und nicht mich angesprochen hatte. Der wartete

auch keinen Augenblick, sprang hinzu und sammelte die vielen Gegenstände ein, richtete den Einkaufswagen wieder auf und später sah ich, wie die junge Frau zu ihm einstieg und mit ihm davonfuhr.

Ich hatte nun wirklich viel Zeit verloren, einmal mit dem Hin – und Herfahren und nun auch noch mit dem Gucken und wollte endlich nach Hause. Da sah ich sie neben meinem Auto stehen. Nein, dachte ich.

Die Antwort kam direkt in meine Gedanken. Doch!

Aber, was wollen Sie?

Sie haben zuviel gesehen.

Woher wissen Sie das?

Haben Sie sich schon einmal mit jemandem unterhalten und keine Anführungszeichen setzten müssen, weil kein Wort gesprochen wurde?

Ich ahnte, dass ich nicht ausweichen könnte und ging um den Wagen, um die Tür zu öffnen. Aber da saß sie schon auf dem Beifahrersitz, hatte die langen Beine übereinander geschlagen und sah mich durch die Scheibe an.

„Verzeihen Sie“, gestand sie mir, als ich mich schwerfällig hinter das Steuerrad setzte.

„Ach, Sie können auch sprechen?“, fragte ich.

„Ich vergesse immer, dass materielle Dinge Hindernisse sind“, sagte sie und zog einen Schmollmund. „Ich hoffe, Sie sind mir jetzt nicht böse.“

„Aber, aber“, sagte ich, „warum auch. Sie sagen zu mir, Sie schickt der Himmel, senden mich mit einer Kassiererin mittleren Alters durch die Stadt hin und her, halten mich auf, werfen Einkaufswagen um und steigen dann noch in mein Auto, ohne die Tür aufzumachen. Gibt es da irgendeinen Grund auf Sie böse zu sein?“ Ihre himmelblauen Augen füllten sich langsam mit Tränen, als sie mich so anschaute. Alles kann ich, aber nicht Frauen weinen sehen.

„Die Kassiererin hat auch nicht geweint“, brummte ich, „und sie hätte allen Grund dazu gehabt, denn ihr ganzer Tageslohn stand auf dem Spiel.“

„Deshalb habe ich Sie ja auch zu ihr geschickt“, sagte sie leise. „Nur deshalb. Es tut mir leid, aber die meisten Menschen können mich nicht sehen. Ich wusste nicht, dass Sie mich gesehen hatten.“

„Ich habe die Frau gefahren, weil ich das wollte“, sagte ich und startete das Auto, „und nicht wegen ihrer himmelblauen Augen!“

„Habe ich himmelblaue Augen?“, fragte sie direkt in meine Gedanken hinein.

„Können wir uns nicht normal unterhalten?“, bat ich. „Ich verstehe Ihre Gedanken, aber für mich ist es einfacher, wenn wir miteinander reden.“
„Menschen“, sagte sie und lächelte. „Passen Sie auf. Gleich kommen sie an einem Mann vorbei, den Sie mitnehmen sollten.“
Ich schaute nach vorn auf die Straße, obwohl ich gar zu gern weiter in ihre himmelblauen Augen gesehen hätte. Ja, da stand ein Mann und winkte hilflos mit den Armen.
„Und was ist mit meinem Nachmittag?“, fragte ich in meine Gedanken, als ich schon bremste.
Wir werden uns wiedersehen, dachte sie noch und war verschwunden.
Ich drehte die Beifahrertür hinunter und fragte. „Kann ich Sie mitnehmen? Wohin wollen Sie?“
Er nannte einen Ort auf meiner Strecke. „Sie schickt der Himmel“, seufzte er, „seit mehr als einer Stunde stehe ich an dieser Stelle und warte.“ „Sie glauben nicht, wie Recht Sie haben“, seufzte nun auch ich und fuhr die Straßen entlang, gespannt, was mich wohl noch alles erwarten würde.

Auch damit war unsere Begegnung nicht zuende. Es war, als hätte mir jemand die Augen geöffnet und ich bemerkte sie öfter und sah ihren hübschen Mund anderen ins Ohr flüstern. Ich konnte mir ja denken, was sie sagte. Aber ich wurde selber aufmerksamer und sah Vieles, was mir vorher nicht aufgefallen war. Wie jemand in eine Gefahr lief und ich konnte ihn rechtzeitig warnen, wie jemand etwas verlor und ich konnte es ihm noch geben, wie jemand ungeschickt war und ich konnte ihm helfen. Erstaunlich, wie viele Situationen es täglich gab, wo ich helfen konnte. Manchmal kam ich ganz geschafft nach Hause und stand dann vor der Hausarbeit und hatte niemanden, der mir half das Chaos in Ordnung zu bringen.
Dann hätte ich sie brauchen können. Ich war irgendwie sicher, sie könne auch das.
So vergingen die Wochen. Ich gewöhnte mich daran, bei jedem Einkauf und jedem Sparziergang mehr Zeit einzuplanen, denn es könnte ja sein, dass ich irgendjemandem helfen müsste. Nein, es ging mir nur darum, Zeit zu haben, falls ich sie wiedersehen sollte, meinen blonden Engel, wie ich sie nannte. Ich musste mir eingestehen, dass ich eigentlich alles nur tat, um ihre Aufmerksamkeit zu bekommen, um noch einmal ihre Stimme zu hören, damit sie noch einmal hinter mir stünde und sagen würde: „Ich habe dich so gesucht!“ Aber das geschah nicht. Je mehr Mühe ich mir gab, aufmerksam zu sein, desto seltener sah ich sie.
Sollte ich aufgeben und wieder so sein, wie ich es immer gewesen war: aufmerksam schon, aber nicht darauf bedacht, unbedingt zu helfen?

Da stand sie an einem Tag vor mir in der Schlange am Supermarkt. Es war wie bei ersten Mal, nur stand ich diesmal hinter ihr. Ja, sie war es. Die blonden Haare, die tolle Figur, die Größe. „Ich habe Sie solange gesucht“, flüsterte ich. „Sie sind genau an der Stelle, wo Sie gebraucht werden.“ Sie drehte sich um, und ich sah in diese himmelblauen Augen, die ich nie vergessen werde. „Sie schickt der Himmel“, flüsterte sie zurück und lächelte. „Das habe ich befürchtet“, sagte ich, während wir in der Schlange an der Kasse vorrückten. „Gleich werden Sie wieder verschwunden sein.“ „Aber warum?“, fragte sie.
„Weil Sie ein Engel sind“, sagte ich so ernsthaft, dass sie mich fragend ansah. „Das ist ein nettes Kompliment“, gestand sie dann, „aber ich bin kein Engel. Mein Name ist Rola.“ Sie reichte mir ihre kleine Hand und ich nahm sie mit Herzklopfen. „Joachim“, stellte ich mich vor und ergänzte: „Ich bin auch kein Engel.“

Und von Rudolf Kunz:

Der blinde Passagier

Unsere verheiratete älteste Tochter und der Schwiegersohn haben vier eigene Kinder und betreuen zusätzlich noch ein Pflegekind. Die mit der Großfamilie anfallenden Arbeiten bewirken ab und zu Stress-Situationen. So hatte die Tochter an einem Samstag im September 2003 mit dem Auto umfassende Einkäufe getätigt. Zu Hause räumte sie den Kofferraum aus und schloss diesen wieder. Um die Hände für die Verschiebung der verschiedenen Einkaufstaschen ins Haus frei zu bekommen, legte sie ihren Geldbeutel mit Geld, der EC-Karte, sowie der Bankkarte und diversen andern Karten und Ausweisen auf der Stoßstange des Autos ab.

Gegen 22 Uhr fuhr der Schwiegersohn mit dem von ihm und seiner Frau gemeinsam benutzten Auto vom Wohnort in Leutwil nach Egliswil, um dort Kinder abzuholen. Um die rund 8 km lange Strecke zurück zu legen befuhr er auf einer Länge von rund 2 km eine schlecht ausgebaute, unebene Seitenstraße.

Als der Schwiegersohn am Ziel den Deckel des Kofferraums öffnen wollte, um Gepäck einzuladen, sah er in der Finsternis auf der hinteren Stoßstange des Autos den Geldbeutel seiner Frau liegen. Dort war dieser liegen geblieben und er reiste als „blinder Passagier“ völlig ungesichert auf der schmalen Stoßstange auf den teils schwierigen Straßen nach Egliswil mit. Dass er auf der Wegstrecke nicht herunter fiel, kann nicht als „Zufall“

bezeichnet werden. Hier hielt eine göttliche Hand den Geldbeutel fest und bewahrte die Eigentümer vor großem Schaden.

Wir können uns überlegen, was dem Geldbeutel wohl durch den Kopf gegangen wäre, wenn er fühlen und denken könnte wie ein Mensch!? Seine Gedanken könnten ungefähr so zusammen gefasst werden:

„Da liege ich also auf der harten hinteren Stoßstange. Die Frau hat mich vergessen. Was geschieht nun mit mir? Hoffentlich holt sie mich bald, denn es ist zwischenzeitlich schon Nacht geworden und niemand kümmert sich um mich.

Halt! Jetzt kommt der Mann. Vielleicht holt er mich? Ach nein. Er steigt ins Auto und fährt ab. Ich habe doch absolut keine Chance, um die Fahrt auf einer solchen Unterlage zu überstehen! Vermutlich falle ich auf die harte Straße und werde von einem andern Fahrzeug zerquetscht. Der Mann kann mich nicht einfach liegen lassen! Doch er fährt ab. Offensichtlich hat er mich nicht bemerkt. Jetzt werde ich sterben. Wenn ich doch rufen könnte!

Bald geht es steil bergan und ich fürchte, dass ich jeden Augenblick auf die Straße falle. Die Unterlage ist ganz schräg! Hilft mir denn niemand? Aber was ist das? Es ist, als ob eine unsichtbare Hand mich an der Stoßstange festhalten würde!

Jetzt geht es offensichtlich auf ebener Straße weiter und ich habe wieder etwas mehr Halt. Jetzt nähern sich zwei Lichter. Ein anderes Auto fährt uns immer näher und näher nach. Was passiert, wenn das Auto in die Stoßstange fährt? Dann bin ich erledigt! Solches soll doch sehr oft passieren! Ich zittere vor Angst. Doch jetzt ist die Gefahr vorbei, das Auto ist uns nicht mehr gefolgt.

Au..., oh Schreck. Der fährt ja über ein Bahntrasse. Jetzt bin ich verloren! Ich werde unweigerlich herunterfallen und von einem Zug zermalmt! Aber sie ist wieder da, diese unsichtbare Hand, welche mich an der Stoßstange festhält. Ich zittere am ganzen Leder. Jetzt biegt der Fahrer scharf links ab. Beinahe habe ich das Gleichgewicht verloren. Aber sie hielt mich wieder fest, diese unsichtbare Hand! Endlich wird es für kurze Zeit etwas ruhiger....

Doch da, was ist das? Die Stange, auf welcher ich liege, beginnt zu vibrieren und wird hin und her geschlagen... Und trotzdem werde ich festgehalten. Aber die Schläge hören nicht mehr auf. Mir wird ganz schwindlig und ich verliere das Bewusstsein.

In der Tasche des Mannes wache ich auf. Bin ich unversehrt? Was war das für eine Hand, die mich vor dem Herunterfallen und dem sicheren Ende bewahrt hat? Hätte ich doch schon zu Beginn des Abenteuers dieser starken Hand vertraut, dann hätten sich meine quälenden Sorgen und Ängste erübrigt!!“

Wie oft vergessen wir, dass gemäß Gottes Wort kein Haar von unserem Haupt fällt, ohne dass Gott es zulässt! Trotzdem zerfleischen wir uns vielfach in Sorgen und Ängsten.
Rudolf Kunz

Nun aber wieder sehr ernsthafte Begebenheiten:

Fügung

Es klingelt. Kathi öffnet, und mein älterer Bruder stürmt ins Zimmer. Ich sitze über irgendeiner Arbeit, meine Mutter liest Zeitung. Es ist noch früh am Morgen.
„Mutti, jetzt musst du wirklich für mich beten. Ich fliege gleich nach Hamburg. Es kommen Filmleute aus den USA und wollen einen Vertrag mit mir abschließen. Es geht um viel Geld. Ich möchte nicht, dass ein anderer das Rennen macht. Du weißt ja, wie schlecht es mir zurzeit finanziell geht.“
Meine Mutter sagte: „Wenn es zu deinem Besten ist, Theo … Ich wollte sowieso gerade beten.“
Mein Bruder beugt sich zu ihr nieder und sie zeichnet ihm wie in der Kindheit ein Kreuz auf die Stirn. „Gute Reise“, sagt sie. „Komm gesund zurück!“
Und ihr Sohn verlässt grüßend das Zimmer. Wir hören die Wohnungstür zuschlagen, und jeder von uns beschäftigt sich weiter mit seiner Arbeit.
Ich weiß nicht mehr, warum ich an diesem Morgen daheim war, aber ich kann mich noch erinnern, als wäre es gestern gewesen. Etwa um halb eins klingelt es wieder. Theo stürzt ins Zimmer herein, wütend!
„Also dein Beten war nicht gerade sehr erfolgreich! Der Zubringerbus, der die Reisenden vom Bahnhof zum Flugplatz bringt, ist im Verkehr stecken geblieben! Und was nun? Wir haben natürlich das Flugzeug verpasst! Jetzt wird einer von den Konkurrenten den Vertrag abschließen … und der wäre für mich so wichtig gewesen! Das hätte der liebe Gott eigentlich wissen müssen! Du hast doch sonst so einen guten Draht zu ihm!“
Theo ist wirklich außer sich!
Meine Mutter versucht, ihn zu beruhigen: „Jetzt zieh erst einmal deinen Mantel aus und setz dich an den Tisch! Du kannst mit uns essen!“

Vater kommt aus seinem Arbeitszimmer. Kathi bringt das Essen. Mein Bruder brummelt immer noch vor sich hin.
„Ruhe!“, sagt mein Vater. „Die Nachrichten!“
Ein Uhr. Es ist ein ungeschriebenes Gesetz in der Familie, dass während der Nachrichten absolute Ruhe herrschen muss.
Das Übliche. Plötzlich: „Die deutsche Luftfahrt erlebte heute Vormittag einen schweren Verlust. Die Maschine von München nach Hamburg ist abgestürzt. Es gibt keine Überlebenden. Unter den Toten sind nach Angaben der Fluggesellschaft auch einige Angehörige der Familie Tschechowa.“
Den Rest der Nachrichten hat wohl nur mein Vater zu Ende gehört.
Wir anderen drei sind betroffen, geschockt! Theos Maschine!
Meine Mutter blickt ihren Sohn sehr ruhig an und sagt: „Na, Theo?“
Uns allen hat es die Sprache verschlagen.
Ich grüble: Was will Gott von ihm? Wozu wurde er gerettet?
Maria de Yupanqui

Flugnummer 3272

Die Aargauer Zeitung berichtete am 24. Januar 1997 von einem Geschäftsmann aus dem aargauischen Seetal, der eine besondere Bewahrung erleben durfte. Der 54 – jährige war auf einer seiner häufigen Auslandsreisen in den USA unterwegs und wollte von Tulsa über Cincinnati nach Detroit fliegen, um dort einen geschäftlichen Termin wahrzunehmen.
Für den nächsten Tag war der Weiterflug nach Cleveland geplant. Er hatte von Cincinnati bis Detroit durchgescheckt und besaß bereits die Bordkarte für den Flug 3272 der Delta- Tochter „Comair“ von Cincinnati nach Detroit. Nach der Landung in Cincinnati verzögerte sich jedoch wegen schlechten Wetters der Weiterflug nach Detroit.
Der Mann stellte fest, dass er seinen Geschäftspartner in Detroit nicht mehr würde aufsuchen können und vereinbarte mit ihm telefonisch eine Terminverschiebung auf einen späteren Zeitpunkt. Er nahm sich vor, nun gemütlich nach Detroit zu reisen, dort in aller Ruhe zu übernachten und am nächsten Tag nach Cleveland weiterzufliegen.
Als die Verspätung in Cincinnati immer größer wurde, erkundigte er sich beim Bodenpersonal beiläufig, ob es nicht zufälligerweise einen Direktflug nach Cleveland gebe.
Man teilte ihm mit, dass in 40 Minuten ein Flugzeug mit freien Plötzen starten werde.
Der Mann buchte um, und sein Gepäck wurde aus der wartenden Turboprop-Maschine

Vom brasilianischen Typ „Embraer 120“ wieder ausgeladen.
Am Abend hörte er zu seiner Bestürzung, dass seine Maschine, mit der er eigentlich fliegen wollte (Flug 3272) beim Landeanflug auf Detroit im Schneesturm abgestürzt sei. Bei dem Absturz, der vermutlich auf Probleme mit der Enteisungsanlage zurückzuführen war, kamen alle 29 Passagiere ums Leben.
„Zwei Tage später habe ich in den Zeitungsnachrufen die Bilder von Menschen wiedererkannt, mit denen ich zusammen in Cincinnati auf den Abflug nach Detroit gewartet hatte“, erzählte der Geschäftsmann später. Noch Wochen nach diesem Ereignis war er zutiefst bewegt, und der Schrecken saß ihm in den Gliedern.
War es Schicksal? War es Zufall? Oder war es Gottes Bewahrung? Diese Frage ging ihm nicht aus dem Kopf.
Rudolf Kunz

Hebe deine Augen auf ...

Januar 1945 „Die Russen sind bei Warschau durchgebrochen!“ und „Wir müssen fliehen!“
Es ist ein herrlicher, klarer Frosttag, Neuschnee und morgen ist Sonntag. „Nein, ich will nicht fliehen!“
Und doch, noch in jener Nacht bin ich mitten in einem Treck – Wagen an Wagen – wie so viele – ein Flüchtling. Ein halbes Kind – wir waren damals länger Kinder – weit weg von Zuhause, Lehrling auf einem großen Gutsbetrieb im Osten Deutschlands.
Eine telefonische Verbindung zu meinen Eltern – auch im Osten – war nicht mehr möglich.
Man nahm mich mit auf einem Pferdewagen. Wir fuhren Tag um Tag auf die Oder zu.
Wo wir hinkamen, brachen die Menschen auf. Alle waren Fremde. Das Einzige, was ich kannte, waren meine Kleider, die ich anhatte, und meinen Gott.
„Wo sind meine Eltern, meine Geschwister? Guter Gott schütze sie. Bitte, lass mich sie wieder finden!“
Die Oderbrücke vor uns war noch nicht gesprengt. Wir überquerten sie – Wagen an Wagen.
In einer Nacht setzte Tauwetter ein. Wir fuhren immer noch Tag um Tag. Wohin? Ich weiß es nicht. Unsere Familie kannte keinen Menschen westlich der Oder, niemanden. Ich habe keine Adresse. Ein junger Mann geht neben dem Wagen. Er schreitet aus, so schnell wie die Pferde. Schade, denke ich, den werden sie bald erschießen. Er hat sich Zivil angezogen. Keine Verwundung? Er müsste Soldat sein. Ein Deserteur?

Irgendwie komme ich mit ihm ins Gespräch. „Wenn du deine Eltern suchst, schlage einen Zettel an einen Baum“, rät er mir.
Ob wir uns verabschiedet haben, weiß ich nicht mehr. Beim nächsten Halt bitten wir um etwas Warmes zu trinken und ich um ein Blatt Papier.
Ein weißer Din A 4 Bogen. Bleistift? Tinte? Filzstifte und Kugelschreiber gab es noch nicht.
Ich schreibe die Heimatadresse meiner Eltern darauf. „Suche meine Eltern und melde mich in Perleberg bei der Polizei.“ Perleberg, nahe der Elbe – irgendein Ziel wollte ich haben.
Nasses Wetter, früh dunkel, ein Zettel an einem Baum zwischen der Oder und der Elbe! „Wie sinnlos“, sagten die Fremden. Aber mir sind die Worte des jungen Mannes im Ohr: „Schlage einen Zettel an einen Baum!“
Ich hänge ihn auf. Mit einem Reißstift? Hatten wir einen? Vielleicht mit einem Haken oder Nagel? Ich weiß es nicht mehr.
Jedenfalls fuhren meine Eltern die gleiche Straße – und das wusste der „Deserteur“ – denn er war wohl ein Engel! Einer der Diener Gottes, die vor dem himmlischen Thron stehen und auf die Befehle warten, um den Kindern Gottes zu dienen.
In der Bibel steht oft: „Und er hob seine Augen auf und sah.“
Mein Bruder, der bei meinen Eltern auf dem Wagen war, „hob seine Augen auf und sah“ – den Zettel!
Wir fanden uns daraufhin schnell wieder und erlebten gemeinsam das Kriegsende.
Gott schenkte unserer Familie sichtbaren Segen und viel Schutz. In Dankbarkeit erinnern wir uns, ich besonders an den „Fahnenflüchtling“ zwischen Oder und Elbe.
2006! Es ist Sonntagabend. Wieder werde ich innerlich ermahnt, die Engelsgeschichte aufzuschreiben. Die ersten Versuche vor Wochen blieben Fragmente. Ich bin so beschäftigt!!!
Trotzdem schreibe ich alles auf, was damals geschehen ist. Es soll zur größeren Ehre Gottes gereichen. Fertig! Heute noch stecke ich die Zeilen in den Umschlag und sende sie ab!
Klara Kluth

Die Wende

Eine Erzählung

Diesmal geht es um Sekunden. Ich will schneller sein als die anderen. Wir sind fünftausend am Start und ich will der erste sein, der über die Ziellinie läuft, aufrecht läuft nach 44, 488 km.

Jetzt nicht mehr nachdenken, der Startschuss fällt gleich. Sekunden werden am Start gewonnen und auf der Strecke gehalten. Jetzt entscheidet sich, wer gewinnt. Jetzt geht es darum, was der Training getan hat. Jetzt kommt der Lohn für die harten Wochen.
Der Knall zerreißt mir jedes Mal fast das Trommelfell, aber die Füße laufen schon. Der Start ist geglückt. Ich bin vor den anderen. Hinter mir keuchen sie. Die Startposition war gut, jetzt geht es darum, die Spitze zu halten.
Das Keuchen kommt näher. Ich kenne den Atem. Beim Training saß der Mann neben mir auf dem Rad, habe ich ihn jeden Abend keuchen hören. Das kann doch nicht sein. Plötzlich ist er neben mir. Komm, lass dir Zeit, denke ich. Noch muss keiner schneller sein, als der andere. Lass uns das langsam angehen. War da der Hauch einer Bitte in meinen Gedanken? Kein gnadenloser Kampf. Was ist los mit mir. So kann man nicht gewinnen. Ich schaue hinüber. Sein Gesicht ist angespannt. Der denkt nur noch an den Sieg. So laufen Siegertypen! Sie sind immer schneller. Er überholt, er lässt mich einfach zurück. Einer nach dem anderen überholt. Meine Beine wollen nicht mehr. Jede Faser schmerzt. Das ist nur der tote Punkt, den jeder Marathonläufer überwinden muss.
Warum laufen sie alle an mir vorbei? Meine Beine bewegen sich doch noch.
Es wird einsam um mich. Schon weit vor mir hört man das Keuchen und Atmen.
Warum weiter laufen? Die Beine wollen noch, aber ich will nicht mehr. Ich setze mich auf den Stein am Wegrand. Sie sind mir davongelaufen. Ich bin out. Ich kann da nicht mehr mithalten. Wusste das der Trainer?
Niemand ist so langsam wie ich. Meine Zeit ist vorbei.
Da kommen Menschen auf mich zu.
Die Menschen bleiben stehen, bilden einen Halbkreis und sehen mich lächelnd an. „Rennt!“, möchte ich sagen, aber kein Ton kommt aus meiner Kehle.
„Gehen Sie mit uns“, sagt einer.
„Ich bin Läufer“, antworte ich. „Ich bin schneller als sie alle.“ Warum lacht niemand?
„Es geht nicht um Schnelligkeit“, sagt jemand. „Sie kommen alle zurück.“
„Das glaube ich nicht. Niemand kann sie mehr einholen. Bald sind sie am Ziel.“
„In diesem Lauf gibt es kein Ziel“, sagt jemand. „Sie kommen alle zurück.“
„Aber ich habe hart trainiert. Es geht darum, ganz an der Spitze zu sein. Nur so kann man mithalten.“
„Warum?“
„Weil nur dort das Leben ist.“
„Sind Sie sicher?“

„Wir sind langsamer, aber wir kommen auch voran. Gehen Sie mit uns!"
Die Stimmen ermuntern mich. „Ihr seid so anders. Warum seid Ihr nicht an dem Versager vorbeigelaufen?", frage ich verzagt.
„Weil es keine Versager gibt."
„Aber ich bin nicht mehr der Schnellste."
„Niemand kann immer der Schnellste sein.
Wir gehen gemeinsam. Einer achtet auf den anderen. Gespräche kommen auf. Wir lachen miteinander.
Am Weg singt ein Vogel.
Wer den Lauf gewonnen hat?
Komisch, aber das habe ich nie erfragt.

In der Wutachschlucht

Auf meinem Weg zur Arbeit musste ich eine Zeitlang täglich durch den Schwarzwald fahren. Die Straße führte zum Teil durch sehr einsame Gegenden, und mir war bewusst, dass man auf einer solchen Strecke auch einmal liegen bleiben kann. Dann ist man auf die Hilfe anderer Menschen angewiesen. Wie gut, wenn dann jemand anhält.
Andererseits kann es aber auch gefährlich sein, Anhalter mitzunehmen. Die Zeitungen und Nachrichten sind voll davon! Deshalb betete ich in dieser Zeit häufig: „Lieber Gott, lass mich wissen, wen ich mitnehmen soll. Ich möchte auf der Fahrt durch den Wald jenen Menschen helfen, die es brauchen, aber ich will mich auch nicht in Gefahr bringen!"
Mit dieser Einstellung fuhr ich, wie gesagt, täglich durch den Schwarzwald – unter anderem durch die Wutachschlucht und an der Wutachmühle vorbei. Mehrfach habe ich Anhalter mitgenommen, aber einmal hatte ich ein ganz besonderes Erlebnis. Ich erinnere mich noch heute daran, als sei es gestern gewesen.
Eines Nachmittags, als ich mich mit meinem Auto der Wutachmühle näherte, standen dort an der Bushaltestelle zwei Wanderer, ein Mann und eine Frau. Sie waren schon etwas älter und sicher nicht mehr gut zu Fuß. Mir fiel ein, dass der letzte Bus lange abgefahren sein musste, und ich überlegte einen Augenblick, wie die Wanderer wohl von der Wutachmühle nach Hause kommen wollten.
Plötzlich drehte sich die Frau zu mir um und ihre Lippen formten Worte, die ich natürlich nicht hören konnte. In demselben Augenblick sagte mir eine innere Stimme: „Nimm die beiden mit!"

Die Aufforderung war so deutlich, dass ich voll auf die Bremse trat und den Wagen zu Stehen brachte. Dann stieg ich aus und wandte mich an das Ehepaar.
„Darf ich Sie bis zur Schattenmühle mitnehmen?“, fragte ich.
„Wer schickt Sie?“, fragte die Frau und sah mich misstrauisch an.
„Niemand schickt mich“, antwortete ich. „Oder vielleicht doch: Als ich Sie nämlich an der Haltestelle stehen sah, da sagte mir eine innere Stimme: „Nimm die beiden mit!“
Ich musterte die beiden. Kam ihnen das mit der Stimme nicht allzu komisch vor?
Nein, der Mann und die Frau wechselten einen kurzen Blick. Dann sagte die Frau:
„So eine plötzliche Gebetserhörung habe ich noch nie erlebt! Sie müssen wissen, ich habe nämlich gerade ein Stoßgebet gesprochen, als sie kamen: „Bitte lass dieses Auto nicht auch wieder vorbeifahren! Und in dem Moment hielten Sie auch schon an.“
„Dann weiß ich auch, wo die innere Stimme herkam“, meinte ich schmunzelnd. Wir sprachen während der Fahrt zur Schattenmühle noch über Gebete und Gebetserhörung – und ein tiefer Friede erfüllte uns. Ein Friede, der mir sagte, dass dieses Erlebnis mehr als nur ein Zufall gewesen ist.

Das Palmkätzchen

Wenn ich mit meiner Enkelin an diesem Tag nicht spazieren gegangen wäre, dann wäre vielleicht alles ganz anders gekommen, aber ich hatte Zeit und als Großvater muss man jede Gelegenheit nutzen, seinen Enkeln eine Freude zu machen.
So sind wir durch die Wiesen an der Kinzig gelaufen und ich habe mich geduldig den vielen Fragen gestellt, die ein Kind nun einmal hat. Wie schmecken Schneeflocken? Ich wusste keine Antwort darauf und deshalb haben wir uns mit offenem Mund hingestellt und darauf gewartet, dass uns eine Schneeflocke in den Mund fiel. Die Kleine hatte mehr Glück als ich und fing sich die erste Flocke. Sie war ganz enttäuscht, denn sie schmeckte nach nichts. „Das ist ja Wasser“, stellte sie sachlich fest, „nichts als Wasser!“ „Schnee ist gefrorenes Wasser“, sagte ich. „Du hast es gewusst“, meinte sie enttäuscht. „Aber nicht wie der Schnee schmeckt“, wandte ich ein, „das habe ich nicht gewusst. Komm wir gehen weiter, ich zeige dir an den Weiden dort am Bach etwas Schönes.“
Wir gingen weiter und kamen an einen Weidenstrauch. Aus den braunen Knospen schälten sich bereits die ersten Knospen. „Schau“, sagte ich, „die ersten Kätzchen kommen.“ „Das sollen Kätzchen sein?“, fragte sie, „die sehen ja gar nicht so aus.“ „Es dauert noch ein bisschen“, meinte ich. „Das Frühjahr kommt. Wir haben ja erst März, doch in wenigen Tagen

sehen die Kätzchen aus wie gelbe Ostereier.“ Sie sah mich zweifelnd an. „Kätzchen, die zu Ostereiern werden? Wie kann das sein Opa? Und warum Kätzchen?“

„Früher lebten die Menschen mit der Natur viel enger zusammen“, erzählte ich. „Da sahen sie in der Natur, was geschah, aber sie erkannten auch Zusammenhänge und Zeichen. Wenn die ersten Kätzchen an den Weiden erschienen, dann wussten sie, dass das Frühjahr nun wirklich kommt, dass Zeit war, die Geräte für den Garten zu richten. Das war die gleiche Zeit, wenn die ersten jungen Katzen auf die Welt kommen.“ „Die Katzen wachsen auf Bäumen?“ „Nein, nein“, sagte ich, „das nicht, aber an den Weiden sah man, dass es bald auch junge Katzen geben würde.

Deshalb nannte man die weißen Knospen Kätzchen. Streichel einmal ein solches Kätzchen.“ Ich hob sie hoch zu dem Zweig und sie streichelte vorsichtig die weißen Knospen. „Wie ein Fell, Opa“, bestätigte sie, „wirklich wie ein Fell. Ich möchte auch ein Kätzchen.“

„Ihr habt doch Lili“, sagte ich, „eine Katze ist genug.“ „Aber wenn Lili nun auch Kätzchen bekommt?“ Ich wollte auf die Frage nicht weiter eingehen und zeigte auf den Haselstrauch. „Das sind auch Kätzchen“, sagte ich, „man könnte auch zu den gelben Schnüren Katzenschwänze sagen. Fass mal an, die machen die Hand gelb.“ Die Kleine war aber viel zu abgelenkt. „Katzenschwänze“, meinte sie. „Die Weidenkätzchen gefallen mir besser. Kann man die mitnehmen?“ „Nein“, sagte ich, „sie stehen unter Naturschutz, denn die Bienen brauchen den Blütenstaub, wenn die Kätzchen gelb werden, denn das ist die erste Nahrung im Frühjahr.“ Und weil ich gerade beim erzählen war, sprach ich weiter: „Zum Sonntag vor Ostern holten die Menschen früher die Zweige dieser Weide. Der Sonntag heißt Palmsonntag, denn an jenem Tag zog vor langer Zeit Jesus in Jerusalem ein. Die Menschen schnitten Zweige von den Palmen, um Jesu Weg zu schmücken. Wir haben keine Palmen, aber diese hübschen Zweige bekommen dann auch das erste Grün und damit schmücken die Menschen heute ihre Häuser, um Jesus willkommen zu heißen. Deshalb nennt man diese Kätzchen auch Palmkätzchen.“

Auf dem Rückweg war die Kleine ganz nachdenklich. Dachte sie über die Geschichte von Jesus nach oder über die Kätzchen.

Als es wirklich so weit war, dass die Kätzchen gelb wurden, gab es beim Frühstück eine große Überraschung, mit der niemand gerechnet hatte. Lili, die Katze, hatte sich in den letzten Tagen sehr zurückgehalten und lag nicht wie üblich auf der Küchenbank.

Jetzt aber kam sie in großen Sprüngen in die Küche und sprang direkt auf mich zu. Sie hatte etwas in der Schnauze, meine Tochter vermutete schon eine Maus und schrie auf, mein Schwiegersohn stand auf, um ihr zu Hilfe zu kommen, aber ich hielt plötzlich etwas ganz kleines Nasses in der Hand, eine winzige Katze. Lili stand neben mir und sah mich mit großen Augen an. „Was ist das?", fragte meine Tochter und meine Enkelin war natürlich ganz neugierig. „Ein neugeborenes Kätzchen", sagte ich in die Runde. „Lili hat es mir anvertraut. Es ist mein Patenkind!" „Die weiß, warum!", knurrte mein Schwiegersohn. „Ich denke ja", antwortete ich. „Sie hat das Leben der kleinen Katze in meine Hand gegeben. Ich werde ihr Vertrauen nicht enttäuschen." „Ein Palmkätzchen!", jubelte die Kleine. „Opa, ein lebendiges Palmkätzchen!" Ich rieb das Kätzchen mit einem Taschentuch, das mir meine Tochter gab, trocken und dann sahen wir uns den Winzling an. „Siehst du das weiche Fell?", fragte ich. „Darf ich streicheln?", fragte die Kleine. „Natürlich" „Sie fühlt sich an, wie ein Palmkätzchen. Nennen wir sie so?" „Zunächst ja", sagte ich, „aber später bekommt sie einen richtigen Namen. Siehst du das lange Schwänzchen?" „Ja", sagte die Kleine, „wie am Haselstrauch!" „Im Frühjahr erwacht das Leben neu", erzählte ich, „überall gibt es neues und junges Leben." „Aber Katzen wachsen nicht auf Bäumen", sagte die Kleine. „Sie werden geboren wie die Kinder auch." „Das Leben ist ein großes Geschenk Gottes", sagte ich. „Er hat uns das Leben geschenkt und es ist an uns dieses Geschenk immer wieder dankbar aus seiner Hand anzunehmen. Jesus zog nach Jerusalem ein, um uns ewiges Leben zu schenken. Das ist ein ganz großes Geschenk, das wir zu Ostern feiern. Alles erwacht zu neuem Leben. Aber nun wollen wir das Palmkätzchen an Lili zurückgeben, denn das kleine Kätzchen braucht jetzt seine Mutter." „Aber sie hat es doch dir geschenkt", meinte die Kleine. „Ja, das ist richtig", sagte ich. „Sie möchte nur, dass ich auf das kleine Kätzchen achte. Wir alle brauchen jemanden, der auf uns aufpasst." Damit gab ich das Kätzchen an Lili zurück, die mir um die Beine strich. Ich sah meine Tochter und meinen Schwiegersohn fragend an und, als sie nickten, wussten wir alle, dass das Palmkätzchen in die Familie aufgenommen worden war.

Diesmal geht es um echte Schafe

Das Kinzigtal führt von Offenburg hoch in den Schwarzwald. Der Fluss wird gesäumt von breiten Auwiesen, die besonders im Frühjahr und im Herbst den wandernden Schafherden als Futter dienen. Seit Jahrhunderten wandern die Hirten mit ihren Schafherden im Herbst von den hochgelegenen Weiden auf der Schwäbischen Alp hinunter ins Rheintal, um dort mit ihren Herden zu überwintern. Die Bauern markieren mit Stecken mit Stroh, welche Felder von den wandernden Herden beweidet werden dürfen und welche nicht, aber die Kinzigwiesen sind freigegeben. So ziehen jedes Jahr Tausende von Schafen über die Wiesen.

Es macht viel Freude die Herden zu beobachten. Jesus verwendet das Bild von den Schafen oft in seinen Gleichnissen. Über die Berge von Palästina zogen damals viele Wanderhirten und die Menschen kannten sich mit den Tieren gut aus. Aber passt das Bild vom Hirten und seinen Schafen wirklich? Übermittelt es uns heute noch Jesu Botschaft?
Meine Frau und ich, wir haben oft auf einer Kinzigbrücke gestanden und den Herden zugeschaut. Wie eine Flut kamen die Herden das Tal hinunter. Man konnte kaum ein einzelnes Tier mit den Augen verfolgen. Sie folgten ihrem Hirten, der voranging und immer wieder einen seltsamen Lockruf ausstieß. Dann blieb der Hirt stehen und die Schafe zerstreuten sich, um Futter zu suchen. „Der Herr ist mein Hirte", kam mir in den Sinn, „er führet mich…" Ja, Hirte zu sein, ist eine schwierige Aufgabe. Die Schafe vertragen es nicht, nur fette Weide abzufressen. Sie brauchen auch trockenes Gras und magere Weide. Es ist keineswegs richtig, ihnen nur immer das anscheinend beste Futter zu geben. Ein Hirte weiß das sehr genau und er weiß auch, wann er die Herde wieder weitertreiben muss und wann Ruhezeiten angemessen sind. Manchmal erschien es uns beinahe ungerecht, die Schafe weiterzutreiben, wenn sie doch gerade so schön am Fressen waren.
Jesus Christus hat sehr genau beobachtet und kannte die Hirten gut. Der gute Hirte handelt oft ganz anders, als der Laie es erwarten würde. Er weiß, was gut für seine Tiere ist und er trägt die Verantwortung für seine Herde. Ein guter Hirte kennt seine Schafe und seine Schafe kennen ihn. Sie folgen ihm und sie vertrauen ihm.

Eines Tages trafen sich zwei Herden, als wir wieder einmal auf der Brücke über die Kinzig standen. Die Hirten hatten wohl nicht aufgepasst und schon waren Tausende von Schafen zusammen und die Herden nicht mehr auseinanderzuhalten. Die Tiere merkten, dass unbekannte Schafe mitten unter ihnen waren und liefen unruhig umher. Wir warteten darauf, ob und wie die Hirten die Herden wohl wieder trennen könnten. Aber die Hirten gingen unbeirrt weiter. Einer zog das Tal wieder hinauf und der andere ging flussabwärts. Sie riefen ihren Lockruf und die Herden trennten sich. „Meine Schafe kennen meine Stimme", sagt Jesus, „und sie folgen mir!"
So war es auch. Jedes Schaf kannte die Stimme seines Hirten und aus den unruhig hin und herlaufenden Schafen wurden wieder zwei Herden, die ihrem Hirten folgten.
Meine Schafe kennen meine Stimme! Treffender kann man das nicht ausdrücken und auch nicht eindrücklicher.
Gottes Stimme zu kennen, sie zu hören und ihr zu vertrauen, das ist nicht immer einfach, denn Gottes Wege sind nicht unsere Wege und seine Gedanken sind nicht unsere Gedanken.

„So viel höher der Himmel ist als die Erde", so sagt Gott durch den Propheten Jesaja, „so sind meine Gedanken höher als eure Gedanken!"
Jesus Christus bezeichne sich als den guten Hirten. Er hat den Überblick und er weiß, was gut für uns ist. Er wird uns führen und leiten, wenn wir das wollen.

99 Schafe

Eine Geschichte

Die Nacht war dunkler als alle anderen Nächte. Ein scharfer, kalter Wind blies dicke Wolken über den Himmel. Das war keine Nacht, in der man gern alleine ist. Die neunundneunzig Schafe rückten näher zusammen. Der dünne Zaun, der sie umgab, vermittelte keine Geborgenheit und Sicherheit. So schauten sie angstvoll in die dunkle Nacht und fühlten sich allein gelassen. „Wieder ist der Hirte fort! Nie ist er da, wenn man ihn braucht", murmelte ein Schaf vor sich hin und war erstaunt, als seine Worte von der ganzen Herde aufgegriffen wurden. „Genauso ist es", sagte ein anderes. „Das ist nicht das erste Mal!", sagte ein drittes, und man hörte eine Art Anklage in seiner Stimme. „Immer wieder rennt er los, um ein verirrtes Schaf zu suchen. Es ist doch selber schuld, wenn es sich verlaufen hat. So schwer ist es doch nicht, bei der Herde zu bleiben. Man kann doch aufpassen!" „Außerdem ist der Hirte da. Wenn man auf ihn schaut, dann kann man sich nicht verlaufen. Aber manche haben eben ihren eigenen Kopf! Ich finde, dann sollten sie auch die Konsequenzen tragen!"
Angstvoll schauten die Schafe schauten in die Dunkelheit. Irgendwo am Berg sah man ein Licht auf- und abtanzen. Dort suchte der Hirte nach dem verlorenen Schaf. „Wenn er so weitermacht, kommen wir alle in Gefahr", jammerte ein Schaf. „Wie rücksichtslos von ihm. Bestimmt sucht er wieder die ganze Nacht und wir sind hier allein."
„Allein?", fragte ein schwarzes Schaf, das sich bisher zurückgehalten hatte. „Aber wir sind doch neunundneunzig!" „Aber wir haben keinen Hirten", jammerten die anderen. „Wir haben uns", sagte das Schaf nachdenklich. „Das Tier da draußen hat niemanden."
„Ist es doch selber schuld! Das dumme Vieh! Wie rücksichtslos! Albern! Immer den Verlaufenen nachlaufen! Und wir?" Die Stimmen hallten durcheinander.
„Wisst Ihr, wie das ist, da draußen zu sein?", fragte das schwarze Schaf. In seiner Stimme klang etwas mit, was die anderen aufhorchen ließ. „Was weißt du schon davon?", fragte ein dickes Schaf mit prächtiger Wolle. „Ich war draußen allein", sagte das schwarze Schaf. Die anderen schauten erstaunt auf das Tier. „Du?", fragten sie im Chor. „Ja! Ich!", antwortete das schwarze Schaf. „Ich war noch ein Lämmchen und konnte nicht so schnell laufen wie die

Herde. Die Herde graste und dann lief sie plötzlich davon. Ich gab mir Mühe, aber meine Beine wollten nicht so, wie ich wollte. Mehr und mehr blieb ich zurück, und dann war ich plötzlich allein." „Ganz allein?" Die Frage klang schon versöhnlicher. „Ja, allein", sagte das schwarze Schaf und fügte nach einer Pause hinzu: „Ganz allein. Die Nacht brach herein. Ich wusste nicht, wo ich war und wie ich weitergehen sollte. Ich rief in die Nacht, aber niemand antwortete." Alle Schafe schauten nur noch auf das schwarze Schaf.

„Und dann?"

„Dann sah ich ein Licht in der Ferne. Es tanzte auf und ab, und ich spürte, es meinte mich. Mich, das kleine Schaf, das sich verlaufen hatte. Mich suchte jemand!" das Schaf schwieg und die anderen sahen hinaus in die Nacht, wo das Licht immer noch am Berghang tanzte. „Er gibt nicht auf, bis er es gefunden hat", sagte das schwarze Schaf.

„Wie ist das gefunden zu werden?", fragte ein Schaf neugierig.

„Fast unbeschreiblich", sagte das schwarze Schaf. „Plötzlich weißt du, das Licht gilt mir. Ich stellte mich auf meine vier Beine und versuchte dem Licht entgegenzugehen. Dann war er da, der Hirte! Er nahm mich auf seine Arme und trug mich heim. Es war wunderschön! Ich war in Sicherheit, ich war geborgen, ich war zuhause."

„Deshalb ist er da draußen?", fragte ein Schaf und sah in die Nacht.

„Deshalb", sagte das schwarze Schaf.

Da rückten die Schafe näher zusammen und spürten sich gegenseitig. Plötzlich waren sie nicht mehr allein, und schauten gemeinsam zum Berg hoch, wo das Licht zur Ruhe gekommen war.

Bewahrung auf der Straße

An einem Samstagmorgen im Februar 1999 fuhr ich mit meiner Frau per Auto zum Einkaufen. Die Straßen waren vereist und auf der Eisdecke lag eine dünne Schneedecke. Als gläubiger Christ rechne ich auf meinen Fahrten mit der Bewahrung Gottes und auf seine entsprechende Begleitung.

Langsam bogen wir von der Straße, an der wir wohnen, in die ins offene Feld hinaus führende Quartierstrasse ein. Durch Bäume und Sträucher ist die freie Sicht bei der Straßeneinmündung stark behindert. So stellte ich erst unmittelbar beim Einbiegen fest, dass in der Mitte der Quartierstrasse ein Traktor (mit angehängtem Wagen) mit relativ hoher Geschwindigkeit auf uns zufuhr. Das Gefährt war lediglich noch rund fünfzehn Meter von uns entfernt, als ich es wahrnehmen konnte. Instinktiv hielt ich unser Auto am

rechten Straßenrand an. Dabei war mir klar, dass ich eine heftige Kollision mit dem schweren, in der Mitte der schmalen Straße fahrenden Gefährt nicht verhindern konnte. Aber da geschah das für mich mit menschlichen Gedanken nicht nachvollziehbare Wunder: Der Traktorfahrer war offensichtlich in dieser Gegend nicht bekannt, jedenfalls hatte ich ihn zuvor noch nie gesehen. Er saß mit nach rechts abgedrehtem Kopf auf dem Traktor und betrachtete fasziniert die herrliche Winterlandschaft. Er realisierte uns und unser Auto nicht! Doch wie von unsichtbarer Hand wurde der Traktor diagonal über die Straße an den rechten Rand gesteuert, nur wenige Zentimeter an unserem Auto vorbei.
Das ganze Geschehen, ab Realisierung des Traktors, wickelte sich innerhalb eines Zeitraumes von rund zwei bis drei Sekunden ab. Hätte der Traktorfahrer uns und unser Auto wahrgenommen und auf der vereisten Straße zu bremsen versucht, wäre es unweigerlich zu einer heftigen Kollision mit fatalen Folgen gekommen. – Gott schickt seine Engel und Diener aus, um seine Kinder zu bewahren. Mir war, als spürte ich ihre Gegenwart. Ein tiefer Friede und großes Staunen erfüllte mich. Offenbar können Gottes Engel und Diener auch mit Traktoren fahren!
Rudolf Kunz

Mitten im Sturm

Am ersten Weihnachtstag 1999 besuchte uns meine Schwester. Gemeinsam wollten wir am nächsten Tag zu unseren Eltern nach Neusatz fahren und dort Weihnachten feiern.
Gegen 11.30 Uhr machten wir uns - in weihnachtlicher Stimmung – zu siebt von Pforzheim aus auf den Weg. „Oh, das wird ernst“, kommentierte ich die starken Windböen nach einem kurzen Tankstopp in Birkenfeld. Ich schätzte die Windgeschwindigkeit auf knapp 120 Stundenkilometer. Weitere Konsequenzen kamen mir jedoch nicht in den Sinn. Auch nicht, als ich zwischen Neuenbürg und Schwan zweimal anhalten musste, um ein größeres Gebüsch aus dem Weg zu räumen.
Am beliebten Aussichtspunkt „Schwaner Warte“ bog ich arglos in eine kleine Waldstraße ein. Gerade in diesem Moment drang ein Wort – deutlich gesprochen – in meinen Geist: „Sie werden fallen zu deiner Rechten und deiner Linken, doch dich werden sie nicht treffen!“
Dies überwältigte mich zu Tränen. „Stimmt das, Jesus?“, fragte ich. „Ja, das stimmt“, lautete umgehend die Antwort.

Ohne weiter über dieses Erlebnis nachzudenken, setzte ich meine Fahrt fort. Einem entgegenkommenden Fahrer, der mich wegen eines bereits quer liegenden Baumes vor der Weiterfahrt warnen wollte, schenkte ich keinen Glauben. Ich wollte mich selber vor Ort von der Situation überzeugen.
Die Stelle, wo der Baum die Fahrbahn blockierte, war nur wenige hundert Meter entfernt. Ein Blick auf die Unfallstelle bestätigte mir die Unsinnigkeit der Annahme, wir könnten vielleicht gemeinsam mit den dort Wartenden den Baum von der Straße räumen. Ich wendete. Ein Golffahrer folgte mir.
Kaum waren wir wieder einigermaßen in Fahrt gekommen, da stürzte direkt vor uns eine junge, buschige Tanne auf die Straße und versperrte die Weiterfahrt. (Ich nenne sie heute „Gottes gnädige Tanne".) Wieder hieß es: Stopp! Ich wendete erneut und fuhr Schritttempo, doch im nächsten Moment fiel eine gewaltige Kiefer nur wenige Meter von uns entfernt krachend auf die Straße. Damit waren wir gefangen gesetzt.
Jetzt erst verstand ich die Worte, die ich gehört hatte und sprach sie – für alle im Wagen – laut aus. In den folgenden Stunden sahen wir gut zehn dieser schönen Baumriesen, wie sie sich dem Sturm ergaben und dann mit dumpfem Knall auf die Straße krachten. Auf einem Abschnitt von etwa 70 Metern war die Straße dicht bedeckt.
Georg, der Golffahrer, hatte eine „Heidenangst". Weder sein Handy noch seine 80-Kanal-CB- Funkanlage funktionierten. Mit dem Hinweis auf meine gefalteten Hände und die „biblische Notrufnummer" (Psalm 50, V.15) lud ich ihn in unser Auto ein. „Rufe mich an in der Not!" – ja, das wollten wir tun. Petra, meine Frau, holte die Gitarre hervor und wir sangen ein paar Lieder. Unsere vier Kinder waren ganz „relaxed". So erlebten wir mitten im Sturm den „Frieden Gottes, der höher ist als alle Vernunft."
Meine Schwester und Georg waren nach dem vermeintlichen Abflauen des Sturmes nicht mehr zu halten. Gegen 14.30 Uhr machten sie sich auf den Weg, um sich zu Fuß nach Neusatz durchzuschlagen. Auf die Verwicklungen in Folge möchte ich nicht weiter eingehen.
Ohne Radio und damit ohne Information über die Außenwelt, entschloss ich mich bis ca. 16.30 Uhr abzuwarten. In jedem Fall wollten wir vor Anbruch der Dunkelheit den „schwarzen Wald" verlassen. Unser Gebet um Weisheit wurde erhört. Zwei Männer kamen auf uns zu und riefen: „Wir helfen Ihnen und den Kindern!" Sie belieferten uns mit Informationen über die Geschehnisse im Umkreis. Ein eindrucksvoller Anschauungsunterricht war dann der 4 km lange Rückweg durch einen wie umgepflügten Wald. Spätestens jetzt wurde uns klar, welch wunderbare Bewahrung wir erlebt hatten!

Dass wir von unseren Helfern bis vor die Haustür gebracht wurden und dann schon um 18.00 Uhr zu Hause waren, empfanden wir als richtig liebe Zugabe von unserem himmlischen Vater.
Joachim Mall

Sturmstillung

Als Kind war ich oft an der Nordsee. Ich liebte es besonders, wenn ich einmal mit einem Krabbenkutter mitfahren durfte. Wie einen Fischer im Kutter – mit Ölzeug und Südwester – so ähnlich stellte ich mir auch die Jünger Jesu vor. Allen voran der kräftige Petrus, dem auch im stärksten Sturm die Pfeife nicht ausging.
Unser Kapitän lachte nur, wenn die Gischt am Bug hochschlug und uns Kindern Wasser ins Gesicht schüttete. Er lachte auch dann noch, wenn wir uns angstvoll festhielten, um nicht über Bord zu fallen. Ein richtiger Sturm war das noch lange nicht!
Die Jünger Jesu waren Fischer und kannten sich mit Stürmen aus. Was musste das für ein fürchterlicher Sturm gewesen sein, von dem die Bibel berichtet, dass erfahrene Fischer vor Angst schreien. Und Jesus schläft im Boot! Der muss Nerven haben!
Gerade deshalb gefiel mir die Geschichte von der Sturmstillung so gut. Ein Wort von Jesus und der Sturm schweigt. Welch eine Macht über die Naturgewalten!
Vor vier Jahren fuhren wir mit unserer Gemeinde ins Heilige Land, und alles war ganz anders.
Spät abends kamen wir in Tel Aviv an und fuhren mit dem Bus in den Sonnenuntergang hinein. Ich musste wohl eingeschlafen sein, denn plötzlich weckte mich die Stimme der Reiseleiterin: „Dort unten liegt das Galiläische Meer!“
Ich schaute aus dem Fenster. Tief unter uns lag im Mondlicht ein großer See. An den Hängen der einen Seite zogen sich die Lichter hoch bis an die Berggipfel, an der anderen Seite war alles dunkel. Sie muss unsere Fragen geahnt haben. „Das Helle ist die israelische Seite“, erklärte sie mit einem leichten Trotz in ihrer Stimme, als hätten wir ihr einen Vorwurf gemacht. Ich war fasziniert von dem dunklen Blau des Sees, in dem sich das Mondlicht spiegelte. Dies also war der See, auf dem Jesus den Sturm gestillt und an dessen Ufern er gepredigt hatte – wir durften tatsächlich im Heiligen Land sein.
In steilen Kurven fuhren wir den Berg hinunter bis an das Ufer des Sees und übernachteten im Kibbuz Ginozar. Später gingen einige von uns noch einmal am See entlang und über einen

Steg weit ins Wasser hinein. Die Frösche quakten, Fische sprangen, und der Mond spiegelte sich auf der Wasseroberfläche.

Am anderen Morgen fuhren wir mit einem Schiff, das den Fischerbooten zur Zeit Jesu nachgebildet war, auf den See hinaus. Ich saß bequem an der Reling und ließ die Hand durch das warme Wasser gleiten. Der See lag spiegelglatt und ruhig da. Ja, ich konnte mir vorstellen, wie Jesus im Schiff lag und schlief. Dort drüben am Ufer von Tiberias hatte er den ganzen Tag zu den Menschen geredet. Nun musste er selber auftanken.

Auch mich überkam eine wohlige Müdigkeit. Der Motor tuckerte leise, und wir glitten über den See. Damals schlugen wohl die Ruder der Jünger rhythmisch in das Wasser. –

Unsere Reiseleiterin stand auf und ging zum Bug. Dort stellte sie sich auf einen Stuhl und sagte: „Der See ist nicht immer so ruhig wie jetzt. Auch, wenn Sie es kaum glauben wollen, von den Bergen können plötzliche Fallwinde kommen und ein kleines Schiff wie das unsere in große Gefahr bringen."

Wie zur Bestätigung ihrer Worte kam aus dem heiteren blauen Himmel eine Windbö herunter und fuhr in den See hinein, so dass hohe Wellen aufschlugen. Unser Boot schaukelte hin und her. Die Reiseleiterin sprang vom Stuhl und hielt sich ängstlich am Mast fest. Doch so schnell wie die Wogen entstanden waren, glättete sich der See auch wieder.

Die Reiseleiterin nahm eine Bibel und kam zu mir. „Hier, lesen Sie bitte!", sagte sie. Es war die Geschichte von der Stillung des Sturms. Ich ging nach vorn zum Bug und las:

„ Und er trat in das Schiff, und seine Jünger folgten ihm. Und siehe da er erhob sich ein großes Ungestüm im Meer, so dass das Schiff von Wellen bedeckt war. Und er schlief. Und die Jünger traten zu ihm und weckten ihn und sprachen: Herr, hilf uns, wie verderben! Da sagte er zu ihnen: Ihr Kleingläubigen, warum seid ihr so furchtsam? Und er stand auf und bedrohte den Wind und das Meer. Da ward es ganz stille. Die Menschen aber wunderten sich und sprachen: Was ist das für ein Mann, dass ihm Wind und Wellen gehorsam sind?"

(Matth. 8, V. 23 – 27)

Nach der Lesung war es eine Weile ganz still und jeder hing seinen Gedanken nach. Mir kamen die Kindheitsvorstellungen von den Seeleuten und dem tosenden Meer in den Sinn. Alles war ganz anders und doch nicht weniger eindrucksvoll.

Ganz still war der See, und plötzlich, ohne jede Vorwarnung, schwebten die Jünger in Lebensgefahr. Sie kannten den See und wussten von den Gefahren. Deshalb waren sie auch so ängstlich, als ihr Boot voll Wasser schlug.

Gerät nicht manchmal auch unser Lebensschiff plötzlich und ohne jede Vorwarnung in Bedrängnis? Überlegte ich. Wenn es einmal im Leben stürmt und der Stress und die Arbeit

kaum noch zu schaffen sind, dann kann ich trotzdem mit Mut und Kraft mein Schiff steuern, ohne dass mir die Pfeife ausgeht.
Aber die großen Katastrophen, sie kommen ohne Vorwarnung: ein Autofahrer, der nicht aufpasst, eine unbedachte Bewegung am Steuer; ein Hustenanfall, der zum Arztbesuch zwingt und die Diagnose lautet „Krebs"; der unerwartete Tod eines Angehörigen oder eines lieben Freundes. Das sind Situationen, in denen unser Lebensschiff in Gefahr kommt und zu sinken droht. Es ist gut zu wissen, dass man dann beten kann: „Herr, stille du den Sturm!"
Selten wird Gott uns die Schwierigkeiten ganz aus dem Weg räumen. Manchmal wird es auch nur „ganz stille", wie es in der Bibel heißt. Frieden kommt in das Herz und mit der Ruhe die Fähigkeit, das Lebensschiff zu steuern oder treiben zu lassen, wenn es nicht anders geht. Die Stille und der Friede – das sind die häufigsten und schönsten Antworten aufs Gebet.
Unser Schiff glitt immer noch, wie von unsichtbarer Hand getrieben, durch die spiegelglatte Oberfläche des Sees. Nichts erinnerte mehr an die Gefahr, die uns eben noch drohte. Der Motor sprang an und sein gleichmäßiges Tuckern hallte über den See. Mit sicherer Hand lenkte der Kapitän das Schiff auf Kapernaum zu

Bandscheibenvorfall

Es ist inzwischen zwölf Jahre her – und ich weiß genau, wie es anfing. Ich war auf einer Lehrertagung in Schwäbisch- Hall und ging über die Straße, um einzukaufen. Plötzlich konnte ich meine Beine nicht mehr bewegen. Ein Nerv hatte sich verklemmt, und ich spürte meine Beine nicht mehr.
Von einem Augenblick auf den nächsten war ich auf fremde Hilfe angewiesen. Ich sprach Passanten an und bat sie, mir zu helfen. Aber sie nahmen mich nicht ernst und lachten nur. Es war sehr bitter für mich, auf Hilfe angewiesen zu sein und zu erfahren, dass man mir nicht glaubte. Ein Polizist hat mir schließlich geholfen und mich zum Arzt gebracht. Der Arzt half mir mit Chiropraktik und einer Spritze und ich konnte wieder gehen.
Leider wurde es kurz darauf wieder schlimmer – bis ich mich eines Tages gar nicht mehr vom Bett erheben konnte. Schwerer Bandscheibenvorfall hieß die Diagnose.
Lange Zeit war ich auf Hilfe angewiesen. Beim Anziehen, Umziehen, Waschen, Baden … einfach überall musste ich mir helfen lassen. Das war keine leichte Erfahrung!
All die Vorurteile, die Menschen Behinderten entgegenbringen, habe ich in dieser Zeit am eigenen Leibe erlebt. Ja, ich merkte sogar, wie schwer Mitleid sein kann. Man muss selber

etwas tun dürfen … und nichts ist schlimmer, als wenn einem alles abgenommen wird, weil man behindert ist.
Im Solebad bin ich mühevoll wieder auf die Beine gekommen. Heute kann ich durch gezielte Gymnastik wieder recht gut laufen und alleine zurechtkommen. Aber lange sah es so aus, als wäre ich für immer auf fremde Hilfe angewiesen.
Solche Phasen gibt es im Leben. Sie sind schwer zu ertragen, aber nur so lernen wir die ganze Bandbreite des Lebens verstehen. Gott kennt uns gut genug, um zu wissen, wann wir allein laufen können und wann wir Hilfe brauchen. Er weiß das viel besser als wir selbst.
Nur ein Beispiel: Vor vielen Jahren sah ich eine alte Frau gebeugt unter einer schweren Last Holz nach Hause gehen. Natürlich bot ich ihr meine Hilfe an, aber sie blieb lächelnd stehen und antwortete: „Junger Mann, Sie nehmen mir mein Tagwerk!"
Das habe ich nie vergessen. Deshalb biete ich Hilfe an, wenn ich sie für nötig halte, aber ich habe volles Verständnis, wenn mein Angebot abgelehnt wird. Das kann so viele Gründe haben, und sei es nur, dass jemand seine Probleme und Schwierigkeiten gerade lieber allein lösen will.
Manchmal denke ich, Gott ist genauso und wartet darauf, dass wir bitten. Er kennt uns aber gut genug, um auch einmal sagen zu können: „Ich nehme dir die Last jetzt nicht ab, denn du schaffst es allein, sie zu tragen."
Auch das muss man akzeptieren und verstehen lernen.
Renatus Reiche

Beim Wort genommen

Für unsere Mädchengruppe aus mehreren Gemeinden hatten wir eine erste gemeinsame Jugendtagung im Weserbergland geplant. Wir wollten, dass sich die Mädchen bei Wanderungen, Sport, Spiel und Gesprächen besser kennen lernten, und hofften gleichzeitig, dass wir ihnen durch die Gemeinschaft ein Stück Lebenshilfe und Orientierung mit auf den Weg geben konnten.
Für diese Freizeit hatte ich meinen dreiwöchigen Jahresurlaub genommen. Eine Woche Vorbereitung, eine Woche Jugendtagung, und dann noch eine Woche Erholung am Timmendorfer Strand – so hatte ich mir die Zeit eingeteilt.
Die Jugendtagung begann. Am Tag unserer Anreise schien die Sonne, aber im Westen zeigten sich bereits düstere Wolken. Der Jugendherbergsvater meinte mitleidig zu uns: „Da habt ihr aber Pech mit dem Wetter! Für die ganze Woche ist Regen angesagt!"

Das klang gar nicht gut! Als Erstes ging ich zu dem Steinbruch, in dessen Schutz unser für den Abend geplantes Lagerfeuer stattfinden sollte.
Es war gegen drei Uhr nachmittags, und die Wolken türmten sich dunkel über den Baumwipfeln, soweit man sehen konnte. Der Wind blies böig. Realistischer weise mussten wir jeden Moment mit Regen rechnen.
Ich wusste, was von dieser Tagung für die Mädchenarbeit in den Gemeinden abhing. Wir brauchten eine gute Zeit der Gemeinschaft, um die Grundlage für eine tragende Jugendarbeit zu legen. Es lag mir so viel daran, die Mädchen darauf vorzubereiten.
Da kniete ich mitten in dem Steinbruch nieder und bat Gott, unsere Tagung zu segnen. Ich bat ihn inständig, uns das Wetter zu geben, das wir brauchten, um die vorbreiteten Programmpunkte auf gute Weise durchführen zu können und bot ihm als Gegenleistung meine Zeit an der Ostsee an. Da könne es ruhig regnen, meinte ich.
Wir hatten wundervolle Tage. Es schien zwar nicht immer die Sonne, aber es war wenigstens trocken und mild. Wir saßen abends am Lagerfeuer – unter einem sternenübersäten Himmel! Der Herbergsvater konnte es nicht glauben. Von jenem Gebet in Steinbruch habe ich ihm nichts erzählt. An den folgenden Tagen regnete es fast überall um uns herum, aber wir konnten alles durchführen, was wir geplant hatten.
Am letzten Tag begann es zu stürmen. Schwere Gewitter gingen über uns nieder. Den ganzen Sonntag goss es in Strömen, doch da hatten wir unser sportliches Programm draußen bereits abgeschlossen. Wie geplant, gestalteten wir noch einen Nachmittag für die Eltern, bevor alle nach Hause zurückkehrten.
Ich fuhr an die See. Und was soll ich sagen? Gott hat mich beim Wort genommen: Ich hatte sechs Tage Regenwetter – und dann noch einen Tag herrlichsten Sonnenschein.
Margarete Zurbrügg

Das habt Ihr mir getan

„Was Ihr getan habt dem Geringsten unter meinen Brüdern, das habt Ihr mir getan."
Mit dieser Bibelstelle habe ich immer ein bisschen Schwierigkeiten gehabt, denn den Geringsten gab es für mich nicht. Es gibt viele Schicksale, die Menschen aus der Bahn werfen können, und mir steht kein Urteil über sie zu.
Trotzdem gibt es manchmal Vorurteile, gegen die man sich nicht wehren kann, die einfach da sind.

Vor Jahren fuhr ich wie gewohnt durch den Schwarzwald. Es war wieder einmal viel schief gegangen, und ich fühlte mich erfolg- und nutzlos. In meiner traurigen Stimmung bat ich: „Lass mich doch an diesem Tag noch etwas Besonderes tun."
Da war mir, als würde jemand zu mir sagen: „Nimm den Mann am Straßenrand mit."
Ich kannte diese leise Stimme, diese Gedanken, die plötzlich kommen. So hat mich der Herr viele Jahre lang geführt.
Neugierig schaute ich nach vorn. Da stand er schon! Ein junger Mann mit entsetzlich schmutziger Kleidung, der sichtlich erschöpft war, aber auch nicht wagte, ein Auto anzuhalten. Nur sein Blick flehte darum, dass jemand hielt, aber sein Daumen zeigte nichts an. Natürlich habe ich angehalten und ihn mitgenommen. Er wollte keine andere Strecke fahren, sondern nur bis in das nächste Dorf kommen. Das war kein großer Auftrag, und ich habe nie erfahren, warum der junge Mann so schmutzig war und wie es ihm weiter ergangen ist. Aber das war auch nicht meine Aufgabe. Die bestand nur darin, ein paar Minuten für diesen Menschen da zu sein und eine kurze Wegstrecke mit ihm zu fahren. Trotzdem wurde dieser Tag ein besonderer Tag für mich – und auch heute denke ich noch gern daran zurück.
Heute brauche ich keine besondere Aufforderung mehr, sondern habe schon ein wenig gelernt: wer von meinen Schülern ein aufmunterndes Wort braucht, mit wem ich auf meinen vielen Wegen durch die Stadt ein Stückchen gehen sollte, wer ein freundliches Wort oder einen Gruß auf der Straße nötig hat. Es gibt so viele Menschen, die mit uns gehen. Ein Lächeln kostet nichts und hilft viel.

Das Opfer

Als ich anfing, in der Gemeinde mitzuarbeiten, war ich gewohnt, Samstagnachmittags nach Dienstende bis zum Abend in die Sauna zu gehen. Also mindestens vier Stunden lang.
Dann engagierte ich mich in der Jugendarbeit und stellte fest, dass ein Teil der jüngeren Mädchen Schwierigkeiten hatte, zum allgemeinen Treffpunkt zu kommen, weil das Dienstagabends war und sie zu dieser Zeit daheim sein sollten. Bei meinen Überlegungen blieb einfach nur der Samstagnachmittag als Termin für ein Treffen übrig. So schwer es mir fiel – ich musste meine geliebte Saunazeit verkürzen! Wenn wir uns um 16.00 Uhr trafen, hätte ich immer noch zwei Stunden für mich. Dass musste reichen!
Also besuchte ich reihum alle Mädchen in ihren Elternhäusern und klärte die Möglichkeiten. Das Interesse war zwar groß, aber die Wege manchmal unbequem und weit. Das erste

Vierteljahr kam immer nur **ein** Mädchen, sehr gerne, sehr interessiert und engagiert. Sie weckte die Neugier bei den anderen – und nach einem halben Jahr waren wir mal sieben, mal neun.

Eines Tages – ich kam mal wieder etwas knapp aus der Sauna – stand eine mir unbekannte Frau vor der Tür zum Gemeindehaus. Sie sagte: „Ich möchte gerne mal dabei sein mit Ihren Mädchen."

Puh! Eine fremde Frau, so völlig unangemeldet und mir absolut unbekannt! Nun, da sie sich als Realschullehrerin vorstellte, die an meiner Arbeit interessiert sei, ließ ich sie gewähren. Nach unserem Gruppentreffen unterhielten wir uns noch angeregt. Die Frau interessierte sich für die Mädchen und für mich. Sie kam wieder.

Beim dritten Besuch erklärte sie mir, ich solle unbedingt Lehrerin werden. Ich hätte eine natürliche Begabung zu lehren und müsse wirklich studieren. Ich winkte ab. Kein Abitur, kein Geld, keine Eltern mehr, die helfen könnten und abgesehen davon sei ich in meinem Beruf als Krankenschwester sehr zufrieden.

Sie ließ nicht locker. Es gebe ein neues Programm mit Begabten – Sonderprüfung und einem Stipendium, erklärte sie mir, und wenn ich nicht auskäme, würde sie mich absichern. So viel lag ihr daran, mich auf den Weg ins Studium zu bringen. Immer und immer wieder ermunterte sie mich.

Eines Tages gefiel mir der Gedanke, Lehrerin zu werden – nicht zuletzt, weil mir die Arbeit mit den Mädchen und Jugendlichen viel Freude bereitete. Für die Begabten- Sonderprüfung sollte ich ein Jahr lang einmal wöchentlich in einer Abendschule Kurse für „Deutschen Aufsatz" belegen.

Die Lektionen wurden ausgerechnet an dem Abend durchgeführt, an welchem wir uns mit allen Jugendlichen trafen. Aus organisatorischen Gründen dauerte es ein halbes Jahr, bis wir unseren Gruppenabend von Dienstag auf Donnerstag verlegt hatten. Dann begann ich mit der Abendschule.

Am ersten Abend sprach mich eine ältere Dame an, sie habe mein Gesicht noch nie gesehen und welchen Abschluss ich denn machen wolle. Ob ich wohl neu sei? Wie ich später erfuhr, war sie die Gründerin der Privatschule. Als sie von meinen Plänen erfuhr, riet sie mir, mich doch gleich an die Pädagogische Hochschule unserer Stadt zu wenden. „Man kann nie früh genug wissen, was auf einen zukommt", meinte sie schmunzelnd.

Das war am ersten Dienstag im Oktober. Zunächst fand ich, es sei reichlich früh, um mir die Unterlagen zu besorgen. Aber drei Wochen später kam mir der Gedanke, ich könne ruhig

einmal zur PH gehen, und sei es nur deshalb, um die nette Frau nicht zu enttäuschen. Sie könnte sonst meinen, das junge Volk wisse immer alles besser.
So machte ich mich eines Tages in meiner Mittagspause auf den Weg zur Pädagogischen Hochschule und stand dort – eigentlich hätte ich es mir denken können – vor der geschlossenen Sekretariatstür. Bürozeiten von 9 bis 12.Uhr. Das kennt man ja. Aber immer in meiner Dienstzeit, nie außerhalb!
Ganz in Gedanken verloren stand ich in dem riesigen Flur des Eingangsgebäudes. Da sprach mich ein großer, hagerer Mann an. Ob ich jemanden suchen würde, oder ob er mir sonst irgendwie weiterhelfen könne? Nun, ich schilderte ihm meine Situation. Er hörte sich alles an, stellte interessierte Fragen, erfuhr, dass ich gerade mit der Abendschule begonnen hatte – und ging mit mir nach einer Weile ins Sekretariat, um dort die nötigen Informationen zu erbitten. Während eine Sekretärin damit beschäftigt war, die Unterlagen für die Begabten-Sonderprüfung herauszusuchen, fragte er beiläufig: "Wann ist der nächste Meldetermin?"
Die Antwort lautete: „Am 15. November."
Mit den Worten: „Bitte melden Sie sich bis dahin zur Prüfung an", reichte er mir die Papiere.
„Aber das geht doch nicht… Ich habe doch, wie Sie wissen, erst drei Lektionen Aufsatz gehabt…", stotterte ich.
„Melden Sie sich. Ich bin der Prüfungsvorsitzende."
Wie betäubt nahm ich die Blätter aus seiner Hand und verließ das Gebäude, in dem ich nach bestandener Prüfung im folgenden Frühjahr mein Studium begann. Gott hatte mir das halbe Jahr, das ich für die Verlegung der Gruppenstunde gebraucht hatte, wieder zurückgeschenkt!
Und noch viel mehr habe ich für die zwei Stunden „Sauna – Opfer" wöchentlich bekommen:
Die wunderbare Möglichkeit studieren zu können,
das Geschenk, mit Kindern arbeiten zu dürfen,
sie auf dem Weg ins Leben zu begleiten,
die Möglichkeit, meine eigenen kreativen Fähigkeiten zu entwickeln und
im Umgang mit den Kindern und den Techniken, die sie lernen, dienen zu dürfen.
Unser Motto im Diakonieverein lautete: „Mein Lohn ist, dass ich darf". Ja, ich durfte Lehrerin sein.

Margarete Zurbrügg.

Die Blinden werden sehend

Das größte Zeugnis von Jesus sind für mich die Heilungen im Neuen Testament. Nicht umsonst ist die Blindenheilung ein so häufiges Thema.
Es gibt so viele Gründe, warum man blind wird, und es gibt so viele Gründe, warum man sich blind fühlt. Es ist schlimm, wenn man keine Zukunft mehr vor sich hat und in Hoffnungslosigkeit versinkt. Jesus kann durch die Macht des Gebetes auch heute noch heilen und wir können durch unseren persönlichen Einsatz Hoffnungsträger für andere sein und damit im besonderen Dienste Gottes und an unserem Nächsten stehen. Eine solche Begebenheit werde ich nie vergessen.

Ich war damals ein junger Mann und stand am Anfang meines Lehrerstudiums. Trotzdem hatte ich genügend Zeit auch in unserer Gemeinde tätig zu sein. Besonders die Jugendarbeit lag mir damals wie heute am Herzen. Deshalb erzählte mir auch eine engagierte Frau aus der Gemeinde von Günther.
Günther war ein junger Mann, der zu unserer Gemeinde gehörte, aber nie zum Gottesdienst kam. Jetzt erfuhr ich den Grund. Günther war blind und wollte das Haus nicht verlassen. Seine verzweifelten Eltern hatten schon viele Ärzte aufgesucht. Ein berühmter Chirurg hatte Günthers Augen operiert, und eigentlich hätte er sehen müssen. Aber er konnte nicht sehen. Hilflos saß er in seinem Zimmer, ließ sich von der Mutter bedienen und verbrachte seine Tage in Dunkelheit.
Das Schicksal von Günther traf mich tief. Natürlich mussten wir dem jungen Mann und der Familie helfen. Ich erkundigte mich nach Freizeitangeboten für Blinde und erfuhr, dass es in der nächsten großen Stadt eine Blindensportgruppe gäbe. Das musste eine Möglichkeit für Günther sein. Ich hatte Zeit und nahm mir vor, mit dem jungen Mann diese Sportgruppe zu besuchen.
Bei nächster Gelegenheit fuhr ich zu Günther in die kleine Siedlung hinaus. Zunächst traf ich nur seine Mutter an. Sie war sehr glücklich, dass sich jemand aus der Gemeinde meldete. Wir setzten uns ins Wohnzimmer, und ich bot ihr an, dass ich mit ihrem Sohn in die Blindensportgruppe fahren würde.
„Das wird er nicht wollen“, seufzte sie. „Günther hat keine Hoffnung mehr. Wir haben alles getan. Jetzt haben auch wir keine Hoffnung mehr!“
„Aber es gibt Hilfe“, sagte ich. „Es gibt jemanden, der auch einem Hoffnungslosen Kraft und neuen Lebensmut geben kann.“

„Sie meinen Jesus?“, fragte sie. „Wir haben so oft gebetet und keine Antwort bekommen.“
„Vielleicht ist mein Besuch die Antwort auf Ihre Gebete“, sagte ich mutig. Sie sah mich zweifelnd an.
Da geschah es: Wir hörten oben eine Tür gehen. Ich wollte aufspringen, aber sie legte die Hand auf meinen Arm und den Finger auf den Mund. „Das ist Günthers Tür“, flüsterte sie. Gespannt lauschten wir. Schritte kamen die Treppe herunter. Dann sah ich Günther, einen jungen Mann von etwa 18 Jahren. Seine Augen waren weit aufgerissen und der Gang unsicher, aber er kam zielstrebig auf uns zu.
Er zeigte auf mich und schaute seine Mutter an! „Ist das der Mann, der mit mir zur Sportgruppe fahren will?“, fragte er.
„Ja“, sagte seine Mutter und schlug sich die Hände vors Gesicht. „Du kannst sehen?“, stammelte sie.
„Ja, Mutter“, antwortete er. „Nicht viel, aber ich kann dich und den Mann erkennen.“
Dann wandte er sich an mich und fragte: „Wer schickt Sie?“
„Ich habe von dir gehört“, erzählte ich. „Ich gehöre zu deiner Gemeinde. Man erzählte mir von deinen Problemen.“
„Mutter“, sagte Günther und ging mit steifen Schritten zu ihr. „Deine Gebete sind erhört worden. Ich kann sehen.“
Die Blinden werden sehen! Sehen können, ist ein großes Geschenk. Günther aber begriff, dass mehr geschehen war als nur seine Heilung. Er verstand, wer ihn geheilt hatte. Trotzdem wurde ein langer gemeinsamer Weg daraus, bis Günther wirklich in der für ihn so neuen Welt zurechtkam. Die Blindensportgruppe und der Einsatz der Menschen, die dort ehrenamtlich Dienst taten, waren ein wichtiger Teil auf diesem Weg.

Die Prüfung

„Trachtet zuerst nach dem Reiche Gottes, dann wird euch alles andere zufallen.“
„Ein Wort zum Sonntag“, dachte ich immer, aber dann machte ich mit diesem Bibelwort meine ganz persönliche Erfahrung.
Wir lebten damals im Ruhrgebiet. Zum Studium fuhr ich täglich die fünfzig Kilometer zwischen unserer Wohnung und Münster hin und her. Meine Frau war Lehrerin zur Anstellung und musste zweimal wöchentlich Nachmittagskurse besuchen. Zu jener Zeit hatten wir drei kleine Kinder, die natürlich betreut werden mussten. Kein Wunder, dass wir stets sehr wenig Zeit hatten. Aber dann kam noch etwas hinzu: Unsere Gemeinde bezog ein

neues Kirchengebäude, und das dazu gehörende Gemeindehaus musste dringend renoviert werden.
Unsere Gemeinde hatte damals nur wenige junge Mitglieder. Wir waren als junge Familie zugezogen, und man erwartete von uns intensive Mitarbeit. Meine Frau hielt den Kindergottesdienst, und auch ich half überall, wo es nötig war. Natürlich setzte der Pfarrer auch bei der Renovierung des Gemeindehauses große Hoffnungen auf uns.
Zur gleichen Zeit aber musste ich mich auf die erste Staatsprüfung in Pädagogik vorbereiten. Professor Blankertz hatte uns eine lange Literaturliste gegeben, die wir durcharbeiten sollten. Mit Mühe schaffte ich es, die Bücher zu holen und auf meinem Schreibtisch zu lagern. Aber zu mehr reichte es kaum.
Dafür machte die Renovierung des Gemeindehauses rasche Fortschritte. Ich konnte einige Konfirmanden gewinnen, mitzuarbeiten. Gemeinsam hatten wir viel Spaß dabei, die alten Tapeten zu entfernen, Wände zu spachteln und neu zu bekleben. Mehr und mehr spürten wir, wie es unser „eigenes" Gemeindehaus wurde.
Wenn ich abends nach Hause kam, warteten meine Frau und die Kinder auf mich. Die Kleinen beklagten sich, dass ich viel zu wenig Zeit hätte. Natürlich brachten wir die Kinder gemeinsam ins Bett. An jedem Bett wurde noch eine Gute-Nacht-Geschichte erzählt und bei der letzten fielen mir selbst fast schon die Augen zu!
Die Prüfung rückte näher – und die Einweihungsfeier für unser Gemeindehaus ebenfalls. Besorgt bat ich Gott um Rat. Als ich anschließend in der Heiligen Schrift las, fiel mir eine Bibelstelle auf, als sei sie extra für mich geschrieben: „Trachtet zuerst nach dem Reiche Gottes, dann wird euch alles andere zufallen!"
Ich entschied mich dafür, mit Schwung und Kraft im Gemeindehaus weiter zu arbeiten. Oft stellte ich mir morgens den Wecker auf vier Uhr und lernte in den frühen Morgenstunden, aber trotz aller Mühe kam ich nicht so voran, wie es nötig gewesen wäre.
Am Freitag vor der Einweihung war mein Prüfungstermin angesetzt. Am Mittwoch waren wir mit der Renovierung fertig geworden. Am Donnerstagnachmittag saß ich vor meinem Bücherstapel. Einige der Bücher hatte ich gelesen, aber würde das ausreichen? Kleinlaut betrachtete ich den Bücherstapel.
„Nun bist du am Zug, Herr", sagte ich leise. „Das Gemeindehaus ist fertig. Aber wie soll ich morgen meine Prüfung schaffen?" Bevor ich diesen Gedanken ganz ausgesprochen hatte, fiel mein Blick wie zufällig auf das schmalste Buch: Samuel Robinson – Curriculumentwicklung. Ich nahm es zur Hand und blätterte darin. Der Inhalt war mir aus früheren Seminaren nicht unbekannt. Das könnte ich wohl noch einmal durcharbeiten.

Den ganzen Nachmittag bis in die tiefe Nacht saß ich über der Lektüre und prägte mir die Thesen des Samuel Robinson ein. Zu den anderen wichtigen Büchern kam ich nicht mehr.
In der Nacht schlief ich unruhig. Früh morgens fuhr ich zur Prüfung nach Münster. Mit klopfendem Herzen betrat ich den Saal, in dem die Klausur geschrieben werden sollte. Auf dem Lehrerpult lagen die Briefumschläge mit unserer Prüfungsaufgaben.
Der Prüfungsvorsitzende kam herein, erklärte uns das Verfahren und zeigte auf die Umschläge. „Hier haben Sie Ihre Aufgabe, meine Damen und Herren. Sie haben drei Stunden Zeit, ihr Thema zu bearbeiten.“
In diesem Augenblick kam über mich eine innere Ruhe und Gelassenheit. Eigentlich hätte ich meinen Umschlag gar nicht mehr holen müssen; vor meinen Augen sah ich die Aufgabe schon auf dem Blatt stehen. Natürlich holte ich den Umschlag vorne ab und lächelte, als ich ihn öffnete. Der Herr hatte mich nicht im Stich gelassen.
„Diskutieren Sie die Curriculumsentwicklung von Samuel Robinson“, stand in fetter Schrift auf meinem Blatt. Ruhig und glücklich schrieb ich nieder, was ich mir am Nachmittag zuvor erarbeitet hatte. Meine nächtlichen Vorbereitungen gaben mir die nötige Grundlage, um den Inhalt des Buches diskutieren zu können.
Zwei Tage später wurde unser neues Gemeindehaus eingeweiht. Für die Gemeinde wurde es ein großer Segen und für mich bleibt es immer ein ganz besonderes Gotteshaus.

Ein Engel mit schwarzem Rand

Vor vielen Jahren ging es meiner Mutter gar nicht gut. Sie musste eine komplizierte Augenoperation vornehmen lassen.
Als sie wieder zu Hause war, konnte sie immer noch nicht richtig sehen. Irgendwie konnte sie zwischen Wirklichkeit und Traum nicht recht unterscheiden. Wenn sie ins Wohnzimmer kam, glaubte sie, dort ihren Vater zu sehen, der schon lange verstorben war. Erschreckt ging sie ins Schlafzimmer. Dort sah sie ihre längst verstorbene Mutter am Bügeltisch stehen und sie anlächeln. Da war sie sicher, nun auch sterben zu müssen, und rief mich an.
Wir haben dann über die Schwierigkeiten gesprochen und ich glaubte, die Sache sei in Ordnung. Aber nachts wachte ich auf und wusste, dass ich nach Bielefeld fahren musste. Vorsichtig weckte ich meine Frau und sagte ihr: „Du, ich muss nach Bielefeld … wegen Mutter.“
Sie sah mich nachdenklich an und sagte nur: „Das stimmt!“ mehr nicht, aber sie hatte das gleiche Gefühl und damit erhielt ich eine Bestätigung.

Bis zum frühen Morgen packten wir meine Sachen zusammen, und sobald es möglich war, rief ich meinen Chef an, um mich vom Unterricht beurlauben zu lassen.
„Herr Rektor, ich muss zu meiner kranken Mutter nach Bielefeld“, sagte ich und erwartete eine Standpauke: So gehe das nicht, und ich solle pünktlich in der Schule sein. Aber nein, er sagte nur: „Ich werde einen Vertretungsplan erstellen, fahren Sie.“
Wieder wurde mir bestätigt, dass ich mit meiner Vermutung richtig lag.
Zu allem Überfluss war mein Wagen nicht in Ordnung. Aber auch diese Probleme ließen sich regeln. Erst spät konnte ich losfahren – siebenhundert Kilometer über die Autobahn bis nach Bielefeld.
Gegen Mitternacht kam ich an. Was sollte ich meiner Mutter sagen, wenn ich so plötzlich und dazu noch mitten in der Nacht auftauchte? Aber jetzt gab es keine andere Möglichkeit mehr. Ich fuhr zu ihrem Haus. Ein Fenster war noch beleuchtet. Mutter saß am Schreibtisch, ich konnte ihren Schatten im Fenster sehen.
Weil es keine andere Möglichkeit gab, schellte ich und sie öffnete. Ich werde nie vergessen, wie sie mich anschaute. „Ein Engel mit schwarzem Rand“, sagte sie. Natürlich wunderte ich mich über diesen merkwürdigen Empfang.
Als wir später beim Essen zusammensaßen, erzählte sie mir: „Ich habe meine Schwestern aus dem Laienorden in Turin angerufen und sie um ein gemeinsames Gebet ersucht. Wir haben dann gebetet. Vor zwei Stunden riefen sie mich an: „Schwester, noch heute Nacht wirst du eine große Hilfe bekommen.“ Deshalb saß ich an meinem Schreibtisch und wartete ganz mutlos, denn es ging bereits auf Mitternacht zu. Kurz bevor die Uhr schlug, kamst du – und erschienst mir wie ein Engel.
Ich erzählte ihr von dem langen Tag und meiner Fahrt von Süddeutschland nach Bielefeld.
Am nächsten Morgen haben wir intensiv gearbeitet und „sehen“ geübt. Durch meine Arbeit mit den Blinden hatte ich Einiges gelernt und konnte ihr dadurch helfen, zwischen Traum und Wirklichkeit zu unterscheiden.
Drei Tage später fuhr ich zurück. Meine Arbeit war getan. Die Schule wartete wieder.
Es war alles in Ordnung.

In letzter Minute

Als Krankenschwesternschülerin im dritten Semester arbeitete ich etwa 12 Wochen als Nachtschwester auf einer Kinderstation mit 89 Kindern. Die meisten kleinen Patienten waren noch nicht einmal drei Jahre alt. Auf dieser Station arbeitete ich ausgesprochen gern.

Gewöhnlich waren wir zu zweit und fütterten im ersten Teil der Nachtwache der Reihe nach alle Säuglinge.
Eines Abends, etwas nach 22 Uhr, als wir bereits alle Säuglinge das erste Mal gefüttert hatten, war ich bei den Krabbelkindern. Dort betrachtete ich ein schwer krankes schlafendes Kind und freute mich, dass es ein wenig Ruhe gefunden hatte. Auf einmal hatte ich ganz plötzlich das Gefühl, ich solle in ein bestimmtes Zimmer gehen, obwohl wir dort schon längst fertig waren. Das Gefühl war so stark, dass ich – ohne groß nachzudenken – schon auf dem Wege dorthin war.
Ich betrat den Raum, in dem 12 kleine Gitterbettchen mit Kindern bis zu einem halben Jahr standen, knipste das Licht an und entdeckte in einem davon einen blitzblauen Säugling. Er hatte erbrochen und bekam keine Luft.
Gerade noch rechtzeitig konnte ich ihm zu Hilfe eilen. Am nächsten Tag sollte der kleine Junge entlassen werden. Fast wäre uns an diesem Abend ein gesundes Kind gestorben!

Einige Wochen später kam ein Kind mit einem durchgebrochenen Blinddarm zu uns auf die Station. Die Entzündungen im Bauchraum waren so weit fortgeschritten, dass die Chirurgen bei ihm etwa einen Meter Darm entfernen mussten.
Nach Beendigung der Operation wurde das Kind gegen 21 Uhr wieder auf die Station gebracht. Es kam allein in ein Nebenzimmer (so etwas wie eine Wachstation gab es damals bei uns noch nicht). Der Arzt legte einen Tropf mit einer physiologischen Kochsalzlösung an, die im Krankenhaus selbst hergestellt worden war. Wegen der großen Wundfläche fügte er Calcium zur besseren Wundheilung und Aureomycin gegen die Entzündung hinzu. Die Mycine waren zu jener Zeit noch sehr neu.
Da es dem Kind sehr schlecht ging, wurde eine Schülerin als „Extrawache" neben das Bett des Kindes gesetzt. Bei auffälligen Veränderungen sollte sie eine von uns Dienst habenden Nachtschwestern verständigen. Nachdem so weit alles „in Ordnung" schien, gingen wir wieder unseren gewohnten Tätigkeiten nach.
Zu dieser Zeit war ich gerade im „Frühchen" – Zimmer. Da lagen unsere zu früh geborenen „Schrumpfgermanen", wie unser Stationsarzt liebevoll zu sagen pflegte, weil sie so winzig, so schrumpelig und so hilfsbedürftig waren – mit Watte umwickelt, damit sie die Körperwärme besser halten konnten. Nein, zu jener Zeit gab es noch keine Brutkästen und keine sterilen Sonden zur künstlichen Ernährung.

Unsere Babys wurden mit Minifläschchen gefüttert, die wir aus Medikamentendöschen „entwickelt“ hatten, denn in Normalflaschen kühlte die geringe Nahrungsmenge zu schnell ab.

Nun gab es für die Arbeit in diesem Raum sehr strenge Vorschriften:

1. Kittel überziehen
2. Hände waschen
3. *Niemals* das Zimmer nach dem Betreten verlassen, bis alle Arbeiten abgeschlossen waren, um Luftaustausch zu vermeiden.
4. *Niemals* ein trinkendes Frühchen unterbrechen (das galt als Todsünde, da es sehr schwer war, ein solches Kind hernach wieder ans Trinken zu bringen, und ein Gewichtsverlust konnte tödliche Folgen haben).

Ich arbeitete also in diesem besonderen Zimmer und hielt glücklich so ein winziges nuckelndes Menschlein im Arm, als ich die dringende Aufforderung erhielt: „Geh sofort zu dem Appendix!“

Nein, das darf ich nicht! Siehe oben Punkt 3 und 4.

Klar und deutlich und sehr dingend kam die Aufforderung noch einmal. Ich kann nicht mehr sagen, wie ich diese Nachricht erhielt oder woher ich das wusste. Ich wusste nur: Da sollst du hingehen. Und zwar sofort!

Aber da sitzt doch die Wache! Mit dem Kind auf dem Arm trat ich an das dicke Glasfenster, das auf den Flur führte – und ich sah direkt gegenüber die offene Tür des Nebenraumes. Halbdunkel war es drüben und ganz ruhig.

Und noch einmal. Diesmal ein knapper Befehl: „Geh! Jetzt!“

Ich unterbrach das trinkende Frühchen, legte es in sein Bettchen, warf den Kittel auf den Wickeltisch und eilte hinüber.

Das operiere Kind lag bleich, mit tiefblauen Lippen im Bett und zitterte am ganzen Körper. Die Wache saß eingeschlafen daneben. (Sie hatte immerhin schon 10 Stunden Dienst hinter sich.) Der Arm des Kindes war an der Injektionsstelle angeschwollen. Die Lösung in der Byrette und im Schlauch geronnen. Ich wusste nicht recht, was das zu bedeuten hatte.

Arzt anrufen, Injektionsnadel raus. Lichtbogen gegen Schüttelfrost. – Schnell, schnell! Alle gerieten in Aufregung. Nach etwa anderthalb Stunden hatten wir alles wieder unter Kontrolle.

Was war geschehen? Nachts zwischen 1.00 und 2. 00 Uhr experimentierte unser Arzt, bis er die Lösung des Problems erkannt hatte: Das damals neue Aureomycin war durch den Zusatz von Calcium ausgeflockt.

Das Kind kam durch. Wir waren so froh darüber!

Zu jener Zeit hatte ich noch keinen „lebendigen“ Glauben. Ich vertrat den Standpunkt: Religion sei ganz gut, Kirche aber überflüssig. Ich erwähne das nur deshalb, um zu verdeutlichen, dass wir Menschen manchmal auch dann von Gott angesprochen werden, wenn wir noch gar keinen „richtigen“ Glauben haben.
Ich wusste nicht, wer mich da eigentlich angesprochen hatte. Aber ich wusste genau, dass ich angesprochen worden war. Es war mehr als nur eine Intuition, die aus mir selber kam. Damals habe ich diesem Erlebnis nicht sehr viel Beachtung geschenkt. Wir waren sehr froh und dankbar darüber, dass das Kind in letzter Minute gerettet werden konnte.
Marlis Ackermeier

Sicher nach Hause gebracht

Meine Mutter wohnte im Krieg in Berlin, und ich war als kleines Mädchen stets bei ihr. Wir waren es gewohnt, zusammen in den Luftschutzkeller zu laufen und dort die schrecklichen Angriffe abzuwarten. In Mutters Nähe fühlte ich mich sicher. Sie kannte sich aus, und ich hatte keine Angst, wenn ihre Hand mich hielt.
Aber dann kam die Nachricht, dass alle Kinder in die „Kinderlandverschickung“ mussten. Kein Kind durfte in Berlin bleiben. Schweren Herzens ging meine Mutter mit mir zum Bahnhof. Der Abschied fiel mir sehr schwer, obwohl die Schwestern nett waren und sich alle Mühe gaben, uns zu trösten.
Ich kam nach Podjebrad in der Nähe von Prag. Wir Kinder gewöhnten uns rasch an die neue Umgebung. Es war ein riesengroßes Lager mit grauen Häusern und vielen tausend Kindern. Es fiel mir schwer, mich in die strenge Lagerordnung zu fügen. Mutter hatte mir ganz besondere Unterwäsche gekauft. „Charmeuse“ hieß das neue, ganz seidige Gewebe. Wir mussten die Wäsche in den Spinden millimetergenau legen – und ich werde nie vergessen, wie mir von den Erzieherinnen immer wieder der ganze Wäschepacken heruntergerissen wurde. Die Frau zog am untersten Wäschestück, das nur einen Millimeter herausragte, und warf den ganzen Stapel aus dem Schrank.
Wie ich das hasste! Aber meine Mutter schickte mir Briefe und Päckchen, und mit der Zeit gewöhnte ich mich an alles.
Nun schwimme ich sehr gerne und konnte auch damals nicht der Versuchung widerstehen in dem kleinen Dorfweiher zu baden. Natürlich blieb ich viel zu lange im Wasser und wurde schwer krank. Als die anderen Kinder in den Herbstferien heim durften, lag ich mit einer

schweren Erkältung im Bett. Aus der Angina entwickelte sich Gelenkrheumatismus, und alle machten sich große Sorgen um mich.

Ich weinte und wollte auch zu meiner Mutter.

„Du darfst in den Weihnachtsferien nach Hause“, sagten die Schwestern. Ich gab erst Ruhe, als sie es mir ganz fest versprachen. Bis Dezember blieb ich im Krankenhaus, genau zwei Tage vor Weihnachten wurde ich entlassen.

Im Lager teilte man mir mit, dass der nächste Zug bereits in einer Stunde fahren würde. Eilig packte ich meine Sachen und wollte sofort abfahren. Aber da war schon ein Weihnachtspaket von meiner Mutter angekommen.

„Willst du nicht erst auspacken?“, fragte die Erzieherin, „du kannst doch einen Zug später nehmen.“

„Nein“, sagte ich in einer Eingebung. „Ich will jetzt fahren. Das Paket kann ich immer noch auspacken, wenn ich zurück bin.“

Man brachte mich im Pferdewagen zum Bahnhof, wunderte sich über meinen Dickkopf und ließ mich fahren. Ganz allein schaffte ich das viele Umsteigen in verschiedene Züge. Ein Schild um den Hals gab mir die Sicherheit, auf allen Bahnhöfen Hilfe zu erhalten.

Auf dem Anhalter Bahnhof in Berlin angekommen, war niemand da, um mich abzuholen. Das war ungewöhnlich. Ich setzte mich auf meinen Koffer und wartete. Nach einer Weile entschied ich mich, allein zu unserer Wohnung zu laufen. Als Mutti die Tür öffnete, starrte sie mich entsetzt an: „Marlis, wo kommst du denn her? Ich hatte doch telegrafiert, du solltest nicht kommen, weil unsere Wohnung durch Löschwasser ganz nass ist. Ich habe Angst, dass du wieder krank wirst.“

Und so war es auch. Ein akuter Schub meiner Erkrankung fesselte mich ans Bett, so dass ich den ersten Rücktransport nicht wahrnehmen konnte.

Als ich endlich wieder gesund war, brachte mich meine Mutter zum Bahnhof. Es war Anfang Februar 1945!

Wieder trug ich ein Schild um den Hals, um sicher anzukommen. Ich hätte viel darum gegeben, nicht fahren zu müssen. Aber Mutter machte mir deutlich, dass sie Schwierigkeiten bekäme, wenn ich bliebe. Das half. Also lief ich ohne zu zögern mit.

Auf dem Anhalterbahnhof war in der Nacht zuvor eine Bombe eingeschlagen und hatte erheblichen Schaden angerichtet. Der Zug konnte nicht vom üblichen Gleis abfahren. Wie immer waren wir ein bisschen knapp dran und Mutter in großer Sorge. Sie fragte eine NS – Schwester, die auf dem Bahnhof Dienst tat: „Wo fährt der Zug nach Dresden ab?“

Ich weiß es noch wie heute. Die Frau antwortete nicht, sondern zeigte nur in eine Richtung.

„Das ist sicher falsch“, sagte Mutter und wollte einen anderen Weg nehmen. Aber die Frau trat ihr in den Weg und wies sie wortlos in die angegebene Richtung.
Mutter hatte es eilig, der Zug sollte in wenigen Minuten abfahren. Wir rannten auf den Bahnsteig. Aber dort stand kein Zug.
Im selben Moment wurde unser Zug auf einem anderen Gleis ausgerufen. „Der Zug nach Dresden fährt sofort ab. Bitte einsteigen!“ Die helle Stimme des Bahnbeamten klang herüber, und auf mich prasselte ein Wortgewitter hernieder. Eigentlich galt es der Schwester, die uns die falsche Auskunft gegeben hatte.
Zu spät. Der Zug war fort, und mein kleines Herz hüpfte insgeheim vor Freude. Mutter war allerdings überhaupt nicht glücklich, sondern voller Angst. Überall suchte sie die Frau, die uns den falschen Weg gewiesen hatte, um sich den Irrtum bescheinigen zu lassen, aber wir konnten sie nicht finden. Also gingen wir heim.

Später saßen wir am Radio und hörten ängstlich die Meldungen über ankommende Bomberverbände. Ganz deutlich sagte der Sprecher: „Ein großer Verband fliegt Richtung Berlin … Nein, er dreht ab und fliegt Dresden an. Ein ungewöhnlich großer Verband greift Dresden an!“ Seine Stimme überschlug sich. Warnmeldungen kamen durch den Äther. Dann folgten weitere Nachrichten. Die Kinderlandverschickungslager waren aufgelöst worden. Viele Züge waren in Richtung Dresden unterwegs. Die Kinder mussten sich auf eigene Faust den Weg nach Hause suchen.
Mutter starrte auf das Radio. Sie war kalkweiß. Stumm nahm sie meine Hand und zog mich an sich. „Kind, du wärst in den Angriff hineingefahren – und ich hätte dich vielleicht nie wiedergesehen“, stammelte sie und weinte.
Von meinen Kameraden und Kameradinnen im Lager habe ich nie wieder etwas gehört.
Meine Mutter wurde später noch oft gefragt: „Wie haben Sie nur Ihr Kind zurück bekommen?“
Sie wusste keine Antwort. Ich bin überzeugt davon, dass es Gottes Bewahrung war.
Marlis Ackermeier

Fahr ihn, wohin er will....

Während meines Studiums war ich auch sehr in der kirchlichen Jugendarbeit engagiert. Als Pafdfinderführer war ich für einen großen Bezirk zuständig und hielt auch Vorträge auf Jugendtagungen.

Es war an einem Nachmittag im September. Das Wetter war schon herbstlich nass und ein bisschen nebelig. Ein ungemütliches Wetter und ich war froh, doch sicher in meinem Auto zu sitzen.
Ich war nach Paderborn unterwegs, um dort auf einer wichtigen Tagung zu sprechen.
Natürlich war ich wegen der Kinder wieder einmal viel zu spät fort gekommen.
Nur eins gab es nie bei mir: Hektik am Steuer.
Wenn ich zu spät kommen würde, dann wegen dem Zuspät-losfahren.
Man kann ein Rennen nicht in den letzten Minuten gewinnen. Ein Rennen gewinnt man an einem ganzen Tag, oder man kommt zu spät.
Ich hörte Radio und war in Gedanken schon bei der Tagung. Es ist wichtig, die Punkte immer wieder durchzugehen.
Was konnte ich den jungen Menschen mitgeben? Thema der Tagung war die Organisation von Nachmittagen für die jungen Leute und die Planung von Freizeitlagern.
Das Wichtigste bei solchen Anlässen ist eine rechtzeitige und gute Vorbereitung.
Das Leben ist eine Rechenaufgabe!
Vertraue auf Dich! Plane Dein Leben und lebe nicht in den Tag hinein.
Du musst Dein Leben in die eigene Hand nehmen.
Kann man das wirklich? Was wäre, wenn jetzt das Auto versagen würde?
Ich schaute in den nasskalten Septembertag und erschauerte leicht.
Dann wäre Paderborn unerreichbar weit entfernt und alle meine Planungen wären vergeblich.
Angestrengt lauschte ich auf den gleichmäßigen Rhythmus des Motors, der die Minuten in Tausenden von Umdrehungen maß.
Alles war in Ordnung und ich würde wie geplant pünktlich sein.
Aber da war plötzlich ein anderes Gefühl:

„Du wirst gleich einen Menschen an der Straße sehen, der versucht
Anhalter zu machen. Fahre ihn, wohin er will."

Die Aufforderung war so deutlich, dass ich mich doch umwandte und schaute, ob jemand hinter mir säße. Natürlich war niemand da.
Fahre ihn, wohin er will? Wen? Warum? Wieso? Ich hatte es doch selber eilig!

Ich schaute die nebelige Straße entlang und tatsächlich stand ein Stück weiter am Straßenrand ein älterer Mann, der ungeschickt den Daumen hob.
War das mein Anhalter?
Ich hielt an und fragte ihn: „Möchten Sie mitfahren?"
„Fahren Sie nach Horn?"
Ich wollte schon die Frage verneinen, als mir die Aufforderung einfiel, die ich eben erst erhalten hatte.
„Ich soll Sie hinfahren, wohin Sie wollen.“ Ich sagte es sehr vorsichtig, denn ich wusste nicht, wie der Mann reagieren würde
Seine spontane Antwort war für mich eine große Überraschung:
„Mein Gott, werden noch Gebete erhört?“
Mit einem ungeheuren Seufzer der Erleichterung nahm er neben mir Platz.
Ich bog ab nach Horn und fragte mich, was wohl aus meiner Tagung werden würde.
Mein Fahrgast erzählte dann seine Geschichte:
„Heute Morgen habe ich meine Frau ins Krankenhaus nach Paderborn bringen müssen. Sie ist uns auf dem Hof zusammengebrochen und der Arzt hat Krebs festgestellt. Wir wissen nicht, ob wir sie noch einmal wiedersehen werden und deshalb fiel mir der Abschied so schwer."
Minutenlang konnte er nicht weiter sprechen.
„Aber ich habe drei kleinere Kinder zuhause und muss zurück. Es wird doch dunkel und ich kann sie nicht allein lassen. Als ich endlich an den Bahnhof kam, war der letzte Zug nach Horn natürlich weg. Dann habe ich getrampt und bin bis hierher gekommen. Da stand ich nun auf der Landstraße und habe noch 20 km nach Hause."
„20 km?" Ich musste doch erstaunt nachfragen. Was hatte sich der Herr dabei gedacht.
„Ja, ich wohne auf einem Hof außerhalb von Horn. Darf ich weitererzählen? Es wird mir einfach leichter dann.“
„Natürlich“, nicke ich ihm aufmunternd zu.
„Dann habe ich meine Hände gefaltet und gebetet:
Bitte, Herr, schick mir doch jemanden, der auch nach Horn fährt.
Und dann haben Sie gehalten. Müssen Sie nach Horn?“
„Nein“, sagte ich und sah ihm ins Gesicht. „Ich bekam den Auftrag, Sie dahin zu fahren, wohin Sie wollen.“
„Danke“, sagte er und ich wusste nicht, galt es mir oder dem, der sein inniges Gebet erhört hatte.

Den Rest der Fahrt saß der Mann im Gebet versunken neben mir und auch ich musste an seine schwerkranke Frau und die Kinder denken.

Wir kamen noch vor Dunkelheit auf seinem Hof an und ich lehnte die freundliche Einladung zu einem Kaffee ab, denn ich musste doch zu meiner Tagung.

Was sollte ich sagen, wenn ich über eine Stunde zu spät kam?
Die Antwort war erstaunlich: Es war, als sei die Zeit bei der Tagung stehen geblieben.
Niemand fragte nach dem Grund meiner Verspätung und ich konnte meinen Vortrag wie besprochen halten.

Dann stand ich am Rednerpult und schaute in die jungen Gesichter.
Eigentlich wollte ich darüber sprechen, wie man ein Jugendlager plant und ein bisschen von dem Wissen weitergeben, was man braucht, um alles vorzubereiten.
Ich sah die jungen Menschen an und wusste plötzlich:
Mehr als alles andere brauchen sie die Gewissheit, dass Gott mit uns ist und inbrünstige Gebete auch erhört werden.

„Planung ist alles", begann ich, „Eine gute Zeiteinteilung ist das A und O einer Tagung. Ich sehe Ihr Erstaunen, denn ich bin über eine Stunde zu spät gekommen.
Nein, Planung ist nicht alles! Wichtiger als alles andere ist, dass wir nicht vergessen, dass unser Leben in Gottes Hand liegt und seine Wege sind manchmal ganz anders, als wir das planen.
Heute fuhr ich mit dem Auto hierher, um mit Ihnen die Tagung durchzuführen.
Kurz vor Paderborn hörte ich dann plötzlich eine leise Stimme, die sehr deutlich zu mir sagte: „Gleich wird ein älterer Mann an der Straße stehen und versuchen, ein Auto anzuhalten. Fahr ihn, wohin er will..."

Die jungen Leute waren sehr beeindruckt von meiner Geschichte.
Hatte ich wirklich einen Auftrag von Gott bekommen?
Die Tatsachen sprachen für sich: nicht ich hatte gebetet, sondern mein Handeln war Antwort auf das Gebet dieses Mannes.
In den biblischen Geschichten ist alles so einfach erzählt. Da kommen Engel als Antwort auf ein Gebet und sagten: „Ich komme im Auftrag Gottes...."

Ob der Mann auf der Straße meine Antwort wohl auch so empfunden hatte?

Renatus Reiche

König für einen Tag

Der Fahrplan hatte uns zusammengewürfelt und nun saßen wir drei Männer in einem Abteil zusammen und schauten aus dem Fenster auf die Landschaft, die an uns vorüberflog.
Wo drei Männer zusammensitzen, ist das Gespräch über Politik nicht weit. Eben fuhren wir ratternd über eine Weiche, da fing der Mann am Fenster auch schon an darüber zu sprechen. Er setze seine randlose Brille zurecht und sah uns forschend an. „Es kommt darauf an, wie man die Weichen stellt", sagt er. „Das entscheidet, wohin der Zug fährt." Eine ganz allgemeine Aussage, die man achselzuckend hätte übergehen können, wenn man nicht gemeinsam in einem Zug sitzt, durch die Landschaft rast und trotzdem noch Stunden der Fahrt vor sich hat. „Es kommt auf den Weichensteller an", meinte ich. „Er hat eine große Verantwortung." Schon war das Gespräch im Gange. „Sind Sie Beamter?", Fragte der Mann mit der Nickelbrille. Ich fühlte mich ertappt und nickte. Er lächelte vergnügt. „Was ein Wort doch schon verrät." Ich hatte keine Lust nachzufragen, woran er das bei dieser einen Antwort erkannt haben mochte, aber er sprach auch schon weiter. „Wir Unternehmer sind leider wie Zugführer. Wir sind auf die Schienenwege angewiesen, welche die Beamten uns frei machen." „Nicht ganz", meldete sich der dritte zu Wort. Ein gemütlicher Herr um die fünfzig, mit grauen Haaren und einem gepflegten Anzug. „Ich stimme Ihnen zu, dass wir die Wege brauchen, auf denen wir unsere Unternehmen führen können, aber mit Schienen würde ich das nicht vergleichen. Eher mit Straßen, die gebahnt sein müssen. Das war schon immer so, sonst würde mancher Wagen so wie früher im Schlamm stecken bleiben. Seien Sie froh, dass die Wege gebahnt werden. Es ist nicht so einfach, Wege zu bahnen und Politik zu machen." Die Nickelbrille am Fenster war natürlich sofort auf der richtigen Spur. „Sie sind in der Politik?", fragte er nach. „Nicht ganz", antwortete der gemütliche Herr. „Darf man eigentlich rauchen?" Wir beide hatten nichts dagegen und nickten ihm zu. Er nahm eine Zigarre aus der Weste und steckte sie an. Bald durchzogen dichte Rauchwolken das Abteil.
„Nur Kreisebene", antwortete er endlich. „Nur Kreisebene, aber auch da sind wichtige Entscheidungen zu treffen. Wissen Sie eigentlich wie schwer das ist, Politik zu machen?" Wir sahen ihn gespannt an. „Als Kind hat mich ein Spiel gelehrt, wie schwer es ist, die richtigen Weichen zu stellen."

Wir hatten Zeit und nickten ihm aufmunternd zu. „Ich komme aus der Schweiz“, sagte er. Eigentlich hätte er es nicht einmal sagen müssen, seine unverwechselbare Sprache hatte ihn schon verraten. Dort gibt es eine Tradition. Am Dreikönigstag ist im Dreikönigskuchen eine Bohne oder ein kleiner Plastikkönig versteckt. Wer ihn bekommt, der ist König für einen Tag.“ Er sah uns nachdenklich an, ob er weiter erklären sollte. Aber ein kurzer Blick mit meinem Nachbarn reichte aus um zu signalisieren, dass wir die Tradition sehr wohl kannten, auch wenn sie bei uns nicht üblich war. „Der König bestimmt, was an diesem Tag gemacht wird. Er bekommt eine Krone auf und seine Anweisungen werden ganz genau befolgt. Ich war so stolz!“ Er zog an seiner Zigarre und war ganz in Gedanken versunken. Draußen flog die Landschaft vorbei und eben sausten wir durch einen kleinen Bahnhof. Menschen standen am Bahnsteig und warteten auf einen Regionalzug. Keine winkte, keiner schien den Zug zu sehen. „Einmal König fuhr der Mann fort. Einmal das Sagen haben. Einmal bestimmen dürfen. Ich war damals sechs Jahre alt und der zweite von drei Geschwistern, die natürlich neidisch waren. Eigentlich hatte immer der Große das Sagen, oder meine kleine Schwester verstand es, die Eltern dahin zu bringen, wo sie sie haben wollte. Aber diesmal hatte ich den König bekommen und deshalb das Sagen. Als erstes beschloss ich, dass jeder solange im Bett bleiben darf, wie er mag. Wir standen vom Frühstück auf und zogen uns in unsere Zimmer zurück. Auch meine Eltern waren mit dem Befehl gern einverstanden und waren ganz schnell verschwunden. Ich schlief noch ein wenig, bis ich wirklich ausgeschlafen war und ging dann zu meinen Geschwistern um zu spielen. Aber sie lagen in den Betten und schliefen oder taten so. Mutter und Vater hatten die Tür geschlossen und ein Schild an die Tür gehängt: „Bitte nicht stören!“

Hungrig ging ich in die Küche, um zu frühstücken. Aber da war nichts vorbereitet. Ich setzte mich an den Kaffeetisch und wartete, hungrig und ärgerlich über meine Untertanen. Sie haben mich lange warten lassen. Als Mutter endlich kam, saß ich fast weinend in der Ecke und hatte meine Krone bereits abgelegt. Ich wollte sie nicht mehr. Ein Befehl und schon hatte ich den Karren an die Wand gefahren.“

Wir lachten und dachten an so manche Entscheidung, die auch bei uns ganz unerwartete Folgen gehabt hatte.

„Ich hatte immer nur einen Geburtstagswunsch“, sagte der Mann mit der Nickelbrille. „Ich habe mir immer einen Tag Zukunft gewünscht. Ich wollte erwachsen sein, ich wollte älter sein, vielleicht wollte ich auch nur einen Tag König sein. Eines Tages ging mein Wunsch in Erfüllung. Bis heute weiß ich aber nicht, ob es ein Traum oder Wirklichkeit war. Ich weiß nur, wie ich mit meinem Vater zur Arbeit ging. Er war Zugführer, genauer Lokführer, der

Mann, der im Führerstand sitzt und auch für unseren Zug die Verantwortung hat. Alle grüßten mich höflich und schienen meinen Vater in meiner Begleitung nicht zu sehen. Das hat mir sehr gefallen. Ich war jemand, der Verantwortung hatte. Die Reisenden sahen mich groß an und in vielen Blicken glaubte ich Neid zu erkennen. Das ist der Mann, der unseren Zug sicher ans Ziel bringt, dachten sie bestimmt. Wir gingen an vielen Waggons vorbei bis zur Lok. Dann stiegen wir ein und ich sah noch einmal den langen Zug entlang. Das war besser als Auto fahren. So groß und so lang konnte kein Auto sein! „Nun mach schon", drängte Vater. „Du musst den Zug noch vorbereiten, ehe du los fahren kannst." „Muss ich nicht einfach den Schlüssel drehen wie bei einem Auto?", fragte ich. „Nein", sagte Vater. „Komm!"
Dann standen wir vor der Schalttafel, auf der alle möglichen Lichter brannten. „Nun schalte schon den Zug ein. Melde, dass du fertig bist, telefoniere mit den Beamten" – dabei schaute er mich lächelnd an – „welche die Weichen stellen und melde den Zug hier ab und im nächsten Bahnhof an." Ich sah Vater an und fühlte mich plötzlich ganz klein. „Aber ich kann das doch gar nicht", sagte ich. „Eben noch hast du dich bewundern lassen", sagte Vater, „und nun kannst du das gar nicht?" „Nein", antwortete ich. „Dann geh dahin, wo du hingehörst. Stell dich niemals mehr an einen Platz, den du nicht ausfüllen kannst!" Ich habe ihn selten so ärgerlich gesehen." Der Mann schwieg und putzte seine Nickelbrille. „Und?", fragten wir wie aus einem Munde. „Weiter weiß ich nicht", antwortete der Mann. „Entweder bin ich rasch nach Hause gelaufen oder einfach aufgewacht. Seitdem habe ich mir nie mehr einen Tag Zukunft gewünscht."
„Weichen stellen ist nicht einfach", stellte ich nachdenklich fest. „Und Ihre Geschichte?", fragten die beiden Herren. „Warum sind Sie Beamter geworden?"
Ich stand auf, weil wir uns meinem Zielbahnhof näherten. „Vielleicht haben Sie Recht", meinte ich, „Weichen zu stellen ist sehr schwierig. Ich verlasse mich auf jemanden, der mehr Überblick hat." „Ein Beamter schaut natürlich nach oben, von wo er seine Anweisung bekommt. So wird Verantwortung immer nach oben weitergegeben." Ich nahm meinen Koffer um zu gehen. „Auch Beamte tragen ihre Verantwortung", entgegnete ich. „Für meinen Arbeitsbereich übernehme ich die Verantwortung, aber in meinem Leben stellt ein anderer die Weichen. Jemand, der nicht nur einen Tag König sein kann, jemand, der die Zukunft kennt, weil er sie in seinen Händen hält." „Sie meinen?", fragte die Nickelbrille erstaunt. „Ich meine", sagte ich, nahm meinen Koffer und verließ das Abteil. Ich winkte ihnen noch nach, als sie am Fenster standen und der Zug anfuhr.

Zu spät!

Es war Mitte Dezember. Meine Mutter war krank. Den ganzen Sonntag war ich zu Hause mit ihr zusammen gewesen. Wir waren uns in dieser Krankheitszeit recht nahe gekommen, eigentlich so nahe wie nie zuvor. Ich wollte in mein Zimmer nach Bielefeld fahren, um dort noch an einem Geschenk für meine Mutter zu arbeiten.

„Willst du nicht hier bleiben?“, fragte meine Mutter, als ich gehen wollte.

„Nein, Mama, morgen komme ich wieder“, sagte ich. Noch ein lieber Gruß - und ab zum Bahnhof.

Etwa 20 Minuten später lief der Zug in Bielefeld ein. Während ich den Bahnsteig entlangging, kam mir plötzlich der Gedanke. „Du solltest zurückfahren!“ Aber ich lief weiter, gab die Fahrkarte ab, ging über die Bahnhofstraße an der Presse vorbei und landete vor meiner Haustür. Dort blieb ich stehen, um den Hausschlüssel herauszunehmen und hörte einen Zug über die Schienen rattern.

Ich schaute hinüber, fasste mich an den Kopf und dachte: „Wenn du dich beeilst, kannst du den letzten Zug nach Hause noch erreichen!“ Während ich mir das Haar aus der Stirn strich, überlegte ich: „Dann wird Mama denken, dass sie heute sterben muss.“

Mit einem Ruck drehte ich mich zur Tür, schloss auf und trat ins Haus.

In meinem Zimmer ging ich gar nicht an die Stickerei für Weihnachten, sondern erledigte meine Weihnachtspost, räumte das Zimmer auf, als würde ich lange fortfahren, und hängte mein schwarzes Jackenkleid an den Schrank, um es am nächsten Morgen anzuziehen. Gegen 3 Uhr fiel ich todmüde ins Bett.

Morgens kurz vor 7 Uhr wurde meine Wirtin geweckt. Mein Vater stand vor dem Haus und rief meinen Namen. Ich eilte hinunter und sah seinem Gesicht an, dass etwas Schlimmes passiert sein musste. Ich sagte: „Nimm mich so mit nach Hause. Ich kann mich auch dort anziehen.“

Völlig verstört antwortete er: „Du musst dich nicht mehr beeilen. Mama ist tot.“

Entsetzt starrte ich ihn an. Was war geschehen?

Etwa gegen 22.30 Uhr – zu der Zeit, als ich hätte daheim sein können – löste sich ein Thrombus und führte zu einer Embolie. Meine Mutter klopfte um Hilfe. Vater rief den Krankenwagen und fuhr mit ihr ins Krankenhaus.

Dort konnte der erste Ansturm erfolgreich behandelt werden. Mama wurde mit dem Bett ins Bad geschoben. Dort lag sie nun allein. Die Nachtschwester schaute ab und zu nach ihr. Zu jener Zeit gab es noch keine Wach- oder gar Intensivstation.

Morgens um 6 Uhr, als der Frühdienst begann, kam meine ehemalige Stationsschwester zu ihr ans Bett und sagte: „So, jetzt werden wir Sie waschen, und dann benachrichtigen wir ihre Tochter, damit Sie nicht mehr so allein sein müssen.“

„Aber lasst mich doch sterben“, erwiderte meine Mutter, „ich habe keine Lust mehr, immer so zu warten.“

Ein zweiter Anfall schüttelte sie, und ehe noch ein Arzt zur Stelle sein konnte, war sie verstorben.

So viele Menschen habe ich auf ihrem letzten Weg begleitet – und meine Mutter musste einsam sterben. Allein. In einem Badezimmer. Mit einer diplomierten Krankenschwester als Tochter, die niemand benachrichtigt hatte. Man hatte es einfach vergessen. Aber ich hätte es wissen können …

Inzwischen habe ich gelernt, Hinweise solcher Art sofort und sehr genau zu beachten.

Marlis Ackermeier

Freundschaft

Der Alltag forderte genug, um für die Familie das tägliche Leben zu sichern und im Beruf voranzukommen. Meine Familie und meine Freunde haben mich in dieser Zeit getragen, und ich bin ihnen sehr dankbar dafür. Freundschaft und Liebe sind ganz besondere Möglichkeiten, die uns gegeben sind. Manchmal kann Freundschaft auch die so grausame Grenze des Todes überwinden...

Einer meiner Freunde wurde ganz plötzlich krank. Die furchtbare Diagnose lautete: Krebs. Das war damals noch ein fast sicheres Todesurteil.

Die Familie wurde durch die Krankheit des Vaters in größte Schwierigkeiten geworfen. Er war der Verdiener. Mühsam brachte er als Lastwagenfahrer seine Frau und die beiden Buben durch. Er war ein guter Vater und ein verlässlicher Freund. Gerade deshalb fragten wir uns: Warum Helmut? Er hat es doch nicht verdient. Hier ist ein Vater, der sich wirklich Mühe gibt um seine Familie und dann werden ihm alle Möglichkeiten genommen. Wir fragten uns immer wieder nach dem Sinn dieses Leides und konnten keine Antwort finden.

Unsere Freundschaft sollte den Tod überdauern, deshalb versprach ich ihm, für seine Kinder zu sorgen, bis sie groß wären.

Dann kamen der unvermeidliche Krankenhausaufenthalt, Operationen, Hoffnung auf Genesung und immer wieder die Diagnose: Es haben sich neue Krebsherde gebildet.

Nach Monaten schwerer Krankheit war es sein größter Wunsch , noch einmal zu Hause zu sein. Zum Sterben wollte er wieder in das Krankenhaus gehen, um das seiner Familie nicht zuzumuten. Wir sprachen in Freundschaft und mit viel Mut offen den Verlauf der Krankheit durch: „Der Krebs ist nicht mehr aufzuhalten, aber du bleibst, solange es geht, zu Hause. Im Krankenhaus werde ich dich auch begleiten! Helmut, wenn es ernst wird, dann bin ich bei Dir!“, versprach ich.
Die Familie wohnte 60 km von unserem damaligen Wohnort entfernt und hatte kein Telefon. Wie sollte ich mein Versprechen einhalten können? Nachdenklich fuhr ich nach Hause und bat Gott, mir doch die Möglichkeit zu geben, meinen Freund auf seinem letzten Weg beistehen zu können.
Ich hatte noch nie einen Sterbenden begleitet und fragte mich, ob ich das wirklich schaffen würde, aber ich wollte es versuchen.

Wenige Tage später kam eine überraschende Antwort auf meine Gebete.
Mitten in der Nacht schreckte ich aus dem Schlaf und sah auf die Uhr. 23.15 Uhr! Ich muss zu Helmut! Es ist soweit! Vorsichtig weckte ich meine Frau: „Ich fahre zu Helmut. Jetzt gleich!" Sie wunderte sich gar nicht, sondern half mir, alles vorzubereiten. Dann fuhr ich die weite Strecke durch die Nacht. Ich hatte genug Zeit darüber nachzudenken, was ich wohl sagen würde, wenn ich mich geirrt haben sollte.

Es kam ganz anders.
Schon, als ich in die Straße einbog, sah ich das Blaulicht. Ein Krankenwagen stand vor dem Häuserblock, die Sanitäter trugen Helmut zum Wagen. Schnell parkte ich und lief zu ihm. Ich werde nie sein Gesicht vergessen, die Erleichterung in seinen Augen und seinen dankbaren Händedruck. „Du bist da! Wir haben so darum gebetet, dass Du kommen würdest.“
Ich fuhr mit dem Krankenwagen ins Krankenhaus und hielt die ganze Zeit seine Hand. „Meine Frau kommt später...wegen der Kinder...“ Helmut war kaum noch in der Lage zu sprechen.
Der Krebs hatte als Lungenkrebs begonnen und sich dann auf die Gedärme ausgebreitet. Jetzt war die Bauchwand geschwürig durchgebrochen. Nein, es war nicht leicht, neben ihm zu sitzen und mitten in Krankheit und Tod seine Hand zu halten und ihm Kraft zu geben.
Während Helmut im Krankenhaus versorgt wurde, sprach der Arzt mit mir. „Ihr Freund ist jetzt zum letzten Mal hier. Wir haben alles getan, was wir konnten. Sie wollen ihn begleiten?“

„Ja!“
„Dann wünsche ich Ihnen viel Kraft!“

Später saß ich an seinem Bett. Wir baten Gott um seine Hilfe und Rat in den nun anstehenden Entscheidungen. Es war ein langes und intensives Gebet. Dann ließen wir im Gespräch Helmuts ganzes Leben an uns vorüberziehen. Die kleinen und großen Pannen und ihre kleinen und großen Folgen. Über seiner Ehe hing oft ein dunkler Schatten, den ich mir eigentlich nicht erklären konnte, weil sich die beiden Menschen wirklich liebten. Jetzt auf dem Sterbebett erfuhr ich den Grund dafür: Helmut war an seinem Hochzeitstag allein ins Kino gegangen! Wie konnte er seine junge Frau auch vergessen und das am Hochzeitstag! Wie einfach wäre das gewesen, darüber zu sprechen, statt dieses Ereignis all die Jahre als großen Vorwurf zwischen beiden Partnern stehen zu lassen. Der Kranke konnte endlich eine ganz große Last ablegen!
Noch einmal legten wir die Zukunft seiner Familie in Gottes Hand und baten um seinen Segen. Viel leichter kamen ihm jetzt die Worte über die Lippen. Voller Hoffnung bat er auch in diesem Moment, wo der Abschied so nahe schien, noch um Heilung. Das Geständnis hatte eine Tür aufgestoßen, die so lange verschlossen war.

Gegen Morgen sah er mich plötzlich ganz intensiv an. Ich werde das schmale Gesicht nie vergessen. Um Mund und Nase war das blasse Dreieck, das dem Kundigen den nahen Tod anzeigt. Er drückte meine Hand ganz fest. Dann sagte er: „Ich werde gesund! Ich weiß es.“
In diesem Moment kam der Arzt herein. Auf meinen fragenden Blick nickte er und ich wusste, es ist soweit. Ob Helmuts Frau noch rechtzeitig kommen würde? Aber was ist schon rechtzeitig?
Helmut schloss die Augen und schlief ein. Aber er schlief nicht in den Tod! Er schlief tatsächlich in ein neues Leben!
Zum Erstaunen aller schloss sich die Bauchwunde, und der Krebs verschwand. Narben blieben, aber Helmut konnte nach wenigen Wochen entlassen werden.

Später haben wir uns aus den Augen verloren, weil er noch weiter fortzog. Ich habe gehört, dass er seine Kinder großziehen durfte und dass er nun mit seiner Frau eine glückliche Ehe führen konnte. All die Belastungen, die solange auf seiner Seele gelegen hatten, waren in jener Nacht verschwunden. Irgendwann kam er durch einen Autounfall ums Leben.

Ich denke gern an jene Nacht zurück. In dieser Freundschaft durfte ich die Nähe und Größe des Todes erleben, aber auch die wunderbare Kraft des Gebetes, die eine schwere Krankheit überwinden kann.
Renatus Reiche

Über rollende Kiesel

Wir hatten uns ein paar Tage an der Adria gegönnt und waren auf der Rückfahrt nach Hause. Ich saß am Steuer und mein Mann schlief. Da wir erst mit dem Einbruch der Dämmerung losgefahren waren, weil es mir schwer fiel mich vom Meer zu trennen, erreichten wir den Gotthardtunnel erst gegen Mitternacht.
Als wir auf der Nordseite wieder herauskamen goss es wie aus Gießkannen. Starkregen, Blitz und Donner empfingen uns. Ich merkte, wie die Müdigkeit von mir Besitz ergriff und dachte darüber nach, ob ich an der Tankstelle im Tal Kaugummi holen sollte, damit mir auf der weiteren Strecke der Kopf klar blieb. Da sich ein regelrechtes Unwetter um uns und über uns austobte, bat ich den Herrn, er möge uns doch heile durch diese Nacht nach Hause geleiten. Bei der Einfahrt zur Tankstelle hatte ich das dringende Gefühl, weiterfahren zu sollen. Also dann…

Kurz vor der Ausfahrt Buochs am Vierwaldstätter See kroch plötzlich eine zehn Meter breite Bahn von rollenden Kieseln über den Asphalt. So etwas hatte ich noch nie gesehen!
Ich weckte meinen Mann und fragte ihn, was ich tun solle. Wir waren zu nah dran, um noch bremsen zu können, gleichwohl hatte ich Angst auf die sich bewegenden Steine zu fahren. „Fahr durch!“, war seine kurze Antwort. Da berührten die Vorderräder auch schon das Hindernis. So gut es ging, hielt ich das Steuer fest in der Hand, denn die Kiesel ließen es hin- und herschlagen. Was war ich dankbar, als die Räder wieder festen Boden unter sich hatten! Nun war ich vollends wach und fuhr zielstrebig durch die tobende Nacht.
Zuhause angekommen, hörten wir im Radio, dass am Vierwaldstätter See durch das Unwetter gewaltige Muren abgegangen seien und die Kantone Uri, Schwyz und Unterwalden von der Außenwelt abgeschnitten wären. Drei PKW s waren von den Muren in den See geschoben worden!
Erst da erkannten wir, in welch großer Gefahr wir uns befunden hatten und dankten Gott für die glückliche Heimkehr.
Margarete Zurbrügg

Der unerwartete Weihnachtsgast

Es ist wohl schon einige Jahre her, denn die Kinder waren noch klein, und heute bin ich schon selber Opa. Es ist erstaunlich wie schnell die Jahre vergehen. Manches Weihnachten kam und ging und blieb kaum in Erinnerung, aber das Weihnachten mit Kurt haben wir nie vergessen. Wir hatten alles vorbereitet. Die Geschenke lagen unter dem Weihnachtsbaum und gerade wollten die Kinder auspacken, da schellte es an der Haustür.

„Moment", bat ich, „bitte wartet nur einen Augenblick. Ich bin sofort zurück." Ich lief in das Erdgeschoss runter und ging zur Haustür. Als ich öffnete, stand vor mir ein alter Mann und strahlte mich an. „Mein Sohn", sagte er und Freude klang in seinen Worten, „bin ich noch rechtzeitig oder habt ihr schon Bescherung gefeiert?" Ich stutzte und sah ihn mir näher an. Das war nicht mein Vater, der damals noch weit fort in einer anderen Stadt lebte. Kein Zweifel vor mir stand ein völlig unbekannter Mann, lächelte mich an und freute sich auf den Weihnachtsabend mit seiner Familie. „Sie sind hier falsch", sagte ich. „Sie haben sich in der Hausnummer geirrt. Ein paar Häuser weiter wird man Sie sicher erwarten." „Moment", sagte er in dem gleichen Tonfall, den ich zu verwenden pflegte. „Was sagst du da? Ich soll das Haus meines Sohnes nicht kennen? Seit Jahren habt ihr die Lichterschlange im Tannenbaum vor dem Haus und die gelbe Lichterkette am Balkon. Das kenn ich doch!"

Ich sah zu der Fichte, die vor unserem Haus stand. Kein Zweifel, seit Jahren hatten wir an diesem Baum die gleiche Lichterkette und auch die Lichterschlange am Balkon war wie immer.

„Aber ich bin nicht Ihr Sohn", wandte ich vorsichtig ein. „Michael", antwortete er, „jetzt tust du mir aber Unrecht. Am Weihnachtsabend den eigenen Vater zu verleugnen. Darf ich nicht reinkommen? Ich schwöre, mir blieb nichts übrig, als ihn hereinzulassen. Der Mann ging durch unser Haus, als kenne er sich darin aus. Er stieg die Treppe hoch und ich hörte von oben den erschreckten Ruf meiner Frau. „Gottfried!", rief sie durchs Haus. „Ich komme", antwortete ich genauso laut. Als ich ins Weihnachtszimmer trat, saß der Mann im Schaukelstuhl und schaute fröhlich in das Kaminfeuer. „Schön, dass du den Schaukelstuhl noch hast. Weißt du noch, wie du ihn mir vor Jahren geschenkt hast? Ich konnte ihn nicht mit ins Altenheim nehmen und deshalb hast du ihn behalten." Meine Frau kam ganz nahe zu mir und flüsterte: „Wer ist das?" „Mein Vater", antwortete ich, „jedenfalls behauptet er das." „Er behauptet das?", fragte sie. „Wie kannst du ihn ins Haus lassen?" „Er kennt sich hier aus", flüsterte ich zurück, „lassen wir es einfach geschehen." „Du hast Nerven", sagte sie und sah

den Mann fragend an. „Ich bin Kurt“, stellte er sich vor. „Gottfried, du hast mir gar nicht gesagt, dass du eine andere Frau hast.“ Irgendwie war ich erleichtert, dass er immerhin meine Frau nicht auch noch kannte. „Aber Vater“, sagte ich, „das ist doch die Magret, meine Frau seit 20 Jahren.“ „Magret, ich werde alt“, entschuldigte sich Kurt. „jetzt habe ich aber arg daneben getreten. Aber meine Enkel werde ich doch noch kennen.“ „Du bist die Daniela“, sagte er zu der Großen. „Barbara“, antwortete sie ärgerlich. „Und du bist der Kurt“, wandte er sich an den Zweiten. Ob er jetzt wohl merkt, dass er im falschen Haus ist?, dachte ich. Aber nichts dergleichen. Kurt schlug sich vor die Stirn und sagte: „Natürlich. Verzeih mir, im Altenheim gibt es so viele Namen zu merken, da vergisst man seine eigenen Enkel.“
Barbara hatte sich abgewandt und wollte gerade ihr Geschenk öffnen. „Halt“, rief Kurt, „Barbara hast du dein Gedicht aufgesagt?“ „Ein Gedicht?“, fragte Barbara gequält und sah mich mit großen Augen an. „Aber Gottfried“, sagte Kurt, „wir haben das doch immer so gemacht. „Man bekam sein Geschenk erst, wenn man auch ein Gedicht aufgesagt hat“, bestätigte ich langsam. Ich erinnerte mich gut an die verschlossene Wohnzimmertür, an das Glöckchen, mit dem das Christkind uns Kinder ins Zimmer rief, an den Lichterbaum mit den brennenden Kerzen, die noch nicht elektrisch waren und an die Gedichte, die wir aufsagen mussten.
„Ja, Barbara, früher war das so“, bestätigte ich. „Dann wollen wir das heute auch nicht anders machen“, sagte Kurt. „Barbara, versuch es doch.“ Man sah dem alten Herrn die Freude an, die ihm die unerwartete Prüfung machte. Barbara dachte nach. Meine Große mit den langen blonden Haaren stand da und überlegte. Meine Frau und ich, wir sahen uns an, lächelten und waren ganz gespannt. „Draußen vom Walde komm ich her“, begann Barbara und ihre braunen Augen leuchteten so freudig, wie ich sie lange nicht mehr gesehen hatte. „Ich kann euch sagen, es weihnachtet sehr.“ Sie stockte. „Überall auf den Tannenspitzen, sah ich goldene Lichter blitzen“, half meine Frau. „Und aus dem Himmeltor schaute neugierig das Christkind hervor“, fuhr Andreas fort, der eigentlich schon lange seinen Zauberkasten auspacken wollte. Gemeinsam brachten wir das Gedicht von der Weihnacht tatsächlich fertig und ein ganz anderer weihnachtlicher Glanz war in unserer Stube. „Singen wir noch ein Lied“, bat Kurt. Barbara holte ihre Flöte, Andreas seine Trompete, meine Frau die Gitarre, die schon lange nicht mehr gespielt wurde und gemeinsam spielten und sangen wir ein Lied nach dem anderen: Es ist ein Ros entsprungen, süßer die Glocken nie klingen als zu der Weihnachtszeit, alle Jahre wieder… Ich wunderte mich über mich selbst und wie selbstverständlich mir die alten Lieder über die Lippen kamen.

Dann endlich durften die Kinder ihre Geschenke auspacken, aber plötzlich war der neue Schlitten nicht mehr so wichtig und auch Zauberkasten lockte Andreas nicht gleich, alles auszuprobieren.

Aus dem Backofen duftete es verlockend. „Ente“, erklärte Kurt. „Niemand kann die Ente so backen, wie Gottfried. Seit vielen Jahren macht er das schon.“ Woher wusste der alte Mann das?

Jedenfalls aßen wir am Tisch zusammen. Magret trug die Ente auf. Ich sprach ein Tischgebet, was sonst bei uns auch nicht mehr üblich war und tranchierte die Ente. Alle sahen mit gespannt zu, und dann begann Kurt zu erzählen. Aus der Jugend, aus dem Krieg, aus Notzeiten, aus der Zeit des Wirtschaftswunders, von seiner Frau, die schon lange verstorben war, den Kindern und den Enkeln, die weit fort wohnten, von der Einsamkeit des Altenheims und den langen Tagen dort. Wir merkten, wir waren nicht seine Familie und seine Geschichte war nicht unsere Geschichte, und doch war es immer wieder so, als sei es auch unser Leben, von dem er berichtete. So Vieles kannten wir aus unseren Kindertagen und den Erzählungen der Eltern.

Nach dem Essen räumten wir ab und sangen noch einige Weihnachtslieder, bis Kurt plötzlich aufstand und sagte: „Ich muss zurück ins Altenheim. Man erwartet mich dort. Die Schwestern werden ärgerlich, wenn ich zu spät komme.“ Der Aufbruch kam so plötzlich, dass wir ganz erschrocken waren. Gern hätten wir die Stunden noch verlängert, aber Kurt drängte und ich bot ihn an, ihn zum Heim zu bringen.

Wir sind dann gemeinsam lange durch die Stadt gefahren, denn Kurt kannte den Weg nicht mehr und wusste auch nicht, wie das Heim hieß, in dem er wohnte. Aber endlich waren wir doch da und ich stieg mit aus, um ihn an der Pforte abzugeben. Man war schon sehr besorgt um ihn. „War er diesmal bei Ihnen?“, fragte man mich. „Das macht er jedes Mal. Immer am Heiligen Abend ist er unterwegs und klingelt irgendwo, weil er meint dort zuhause zu sein. War er Ihnen lästig?“ „Nein“, antwortete ich, „er war unser guter Geist zur Weihnacht. Er brachte uns die Weihnacht zurück.“ Man sah mich nachdenklich an und verstand nicht.

„Ich möchte ihn das nächste Jahr zu uns einladen“, schlug ich vor. „Im Laufe des Jahres werde ich ihn besuchen und im nächsten Jahr ist er am Heiligen Abend unser Gast.“

Leider war es nicht so. Das Jahr über hatte ich keine Zeit, Kurt zu besuchen. Als der Weihnachtsabend näher rückte, rief ich im Altenheim an. Man erinnerte sich noch an mich, aber Kurt war im Frühjahr bereits verstorben. Wir haben ihn sehr vermisst.

Nicht nur in der Heiligen Nacht

In unserer Nachbargemeinde war dem jungen Aushilfspfarrer eine Stelle zugewiesen worden! Die Gemeinde lag etwas abseits der großen Verkehrswege und die Häuser drei Dörfer weit verstreut, aber er war glücklich.
Noch vor dem Weihnachtsfest wollte er alle seine Gemeindemitglieder besuchen. Zeitig machte er sich am Vormittag des Heiligen Abends auf den Weg, ein paar Brote lagen als Mittagsproviant auf dem Beifahrersitz.
Gleich im ersten Dorf konnte er ein krankes Kind trösten und mal schnell im Nachbarort das Fieber senkende Mittel besorgen, damit die Mutter daheim bleiben konnte. Später half er einen Christbaum schmücken, weil die schwangere Frau nicht mehr auf einen Stuhl steigen konnte. Dann ertrug er geduldig das Jammern einer depressiven Frau. Schließlich teilte er sein Brot mit einem Schwererziehbaren, den er auf der Straße aufgelesen hatte.
Als er in das nächste Dorf kam, war die Mittagszeit lange überschritten. Drei Besuche bei zufriedenen Menschen verhalfen ihm selbst zu mehr Weihnachtsfreude, auch ein Ehestreit, den er – vielleicht für längere Zeit – schlichten konnte.
Flüchtig blickte der Pfarrer auf die Uhr, während er über die schneeverwehte Straße zum nächsten Ort fuhr. Nur noch eine Stunde bis zum Gottesdienst!
Jetzt war es schon dunkel. Aber er wollte auch hier seine „Schäfchen" nicht enttäuschen. Ob die kranke junge Frau die Weihnachtstage überleben würde?, sinnierte der Geistliche, als er zum letzten Mal in sein Auto stieg. Jetzt waren die Scheiben schon vereist. Schneetreiben setzte ein.
„Wenn ich den Weg über den Weinberg nehme, kürze ich ein Stück ab. Dann müsste ich fast noch rechtzeitig an der Kirche eintreffen", überlegte er und bog von der Straße ab.
In der Zwischenzeit hatten sich die Schulkinder des Hauptortes in der Kirche versammelt. Es war dunkel, die große Krippe noch verhüllt. Die Kinder, die beim Spiel mitwirken durften, trippelten in ihren Kostümen unruhig von einem Fuß auf den anderen. Der Engel in seinem weißen Kleid fror vor sich hin. Nur der Pfarrer fehlte.
Aber der war aus anderen Gründen unruhig. Genau auf der Höhe des Hügels war er offenbar falsch abgebogen. Rechts und links berührten seine Kotflügel schon fast die Weinstöcke. Nun kam er ins Rutschen und steckte fest. An ein Rückwärtsfahren war nicht mehr zu denken, an ein Umkehren erst recht nicht. Was sollte er tun? Die Zeiger seiner Armbanduhr leuchteten schwach. Sie rückten unaufhaltsam vorwärts.

Der Pfarrer erwog jetzt zu Fuß zu seiner Kirche zu eilen, aber in dieser eintönigen Schneelandschaft wusste er nicht einmal mehr genau, ob er sich nach rechts oder nach links halten musste. Von Ferne hörte er eine Kirchturmuhr schlagen.
In der mittlerweile überfüllten Kirche schritt die Zeit ebenso vorwärts. Ich hatte als junge Lehrerin mit den Kindern das Weihnachtsstück eingeübt. Doch der Pfarrer fehlte und mit ihm das Signal zum Beginn des Gottesdienstes. Wie lange konnten wir noch warten?
Endlich verständigte ich mich durch kurzen Blickkontakt mit dem Kantor. Dann trat ich entschlossen vor und sagte: „Wir werden jetzt mit unserer Krippenfeier beginnen. Unser Pfarrer ist anscheinend verloren gegangen … Vielleicht kommt er noch mit den Hirten."
Und so begannen die Kinder ihren Gottesdienst. Für eine Weile vergaßen sie sogar Eltern und Großeltern im Kirchenschiff und scharten sich als Hirtinnen und Hirten um die Krippe und sangen wie die Engel.
Der Pfarrer stand unterdessen immer noch hilflos und verloren im Weinberg. Eine Zeit lang hatte er gehupt, dann die Fernlichter wie Morsezeichen benutzt. Vergebens.
Schließlich fürchtete er, dass er die Batterie überforderte.
„Nun müssten die Teilnehmer des Kindergottesdienstes schon zu Hause sein", dachte er. Ob er wohl die ganze Nacht hier in der Kälte verbringen musste? Immer wieder richtete er ein kurzes Gebet zu seinem Herrn.
Hätte er nur gewusst, dass bereits Gemeindemitglieder ausschwärmten, um ihn zu finden!
Seine Uhr zeigte 10 Uhr. Der Schnee verschluckte jeden Laut.
Plötzlich entdeckte der junge Pfarrer ein Lichtzeichen: In einem Bauernhof unten im Tal gingen die Lichter gleichmäßig an und aus. War das für ihn bestimmt?
Jetzt war ihm, als tuckere ein Traktor in seine Richtung. Dann unterschied er Stimmen, unverständlich zuerst, dann Rufe. Schließlich sah er die Scheinwerfer des Traktors.
Schnell war sein Wagen am Heck angehängt. Er musste nur die Kupplung treten und die Bremsen lockern. So zog man „das verlorene Schaf" nicht aus den Dornen, aber aus den verschneiten Reben.
Später saßen wir gemeinsam in der Mitternachtsmette. Noch nie hat ein Pfarrer so inbrünstig das Lied „Nun danket alle Gott" angestimmt, aber auch die Gemeinde fiel kräftig ein.
Im Anschluss an den Gottesdienst stand der Pfarrer sinnend vor der Krippe. Ich wollte mich verabschieden und ihm frohe Weihnachten wünschen, aber er hörte mich nicht.
Nachdenklich nahm er den Hirten zur Hand, der ein Schaf auf seinen Schultern trug, und stellte ihn ganz nahe zum Krippenkind. „Lass mich beides sein, Hirte und Schaf", bat er leise.

Später erzählte er mir, es sei ihm in diesem Augenblicke gewesen, als hätte er eine Stimme gehört: „Du weißt doch, du wirst nie verloren sein. Nicht nur in der Heiligen Nacht.“
Maria de Yupanqui

Warum?

Warum? Nur dieses eine Wort steht auf einem flachen Grabstein im Hotzenwald. Eine Frage, auf die es keine Antwort geben kann. Eine junge Frau, Mutter von vier kleinen Kindern, fiel einem Mordanschlag zum Opfer. Ihre Eltern waren gläubige Menschen, und gerade deshalb ließen sie dieses Wort in den Stein meißeln.
Warum?
Warum lässt Gott das zu?
Warum beantwortet er nicht alle Gebete?
Warum werden Gebete so oft nicht erfüllt?
So viele Fragen. Wir können keine Antwort darauf geben.

Auch ich stand einmal am Grab eines meiner Kinder. Die Kleine war nur ein halbes Jahr alt geworden. Das halbe Jahr war erfüllt von Hoffen und Bangen und Ringen um das junge Leben. Immer wieder haben wir unsere kleine Cornelia ins Krankenhaus bringen müssen, und immer wieder durften wir sie holen, weil doch Hoffnung da war. Dann hatten wir sie wieder zuhause. Sie lag im Körbchen und glühte vor Fieber. Wieder war eine Lungenentzündung trotz aller Pflege durchgekommen. Wir standen am Körbchen, kühlten abwechselnd mit Tüchern den kleinen Körper und stellten uns die Frage: „Warum?“
Cornelia ertrug alles geduldig und schrie nicht. Wenn sie wach war, lächelte sie wie ein kleiner Engel, als wolle sie uns trösten. Der herbeigerufene Arzt schlug uns vor, sie erneut ins Krankenhaus zu bringen. Wir wussten Bescheid und fragten: „Gibt es noch Hoffnung?“ Er verneinte stumm. „Dann soll sie zuhause sterben dürfen!“ Wir mussten uns nicht ansehen, um zu wissen, dass wir uns einig waren.
Cornelia starb, als ich in der Kirche morgens meinen Dienst tat. Als ich nach Hause kam, stand das Körbchen in einem abgedunkelten Raum, die Vorhänge waren zugezogen. Cornelia lag still und friedlich da. Wir mussten Abschied nehmen.
Bei der Beerdigung trugen wir Eltern keine Trauerkleidung, um allen zu zeigen, dass wir nicht verzweifelt waren. Wir wollten dankbar sein für die Zeit, die Cornelia bei uns hatte sein

dürfen. Es fiel uns schwer, aber an ihrem Grab wurden Dankesworte gesprochen für unser kleines Kind, das ein halbes Jahr bei uns sein konnte.
Auf ihrem Grabstein steht ihr zweiter Name „Dorothea", Geschenk Gottes. Wir haben noch ein weiteres Kind bekommen – und nach und nach ist der Schmerz über den Verlust vergangen. Geblieben ist die Dankbarkeit.

In jener schweren Zeit habe ich mir vorgenommen, niemals zu klagen, wenn Krankheiten und Misserfolge mich heimsuchen würden. Ich wollte dankbar sein für die gute Zeit, die ich erleben durfte. Es wurde mir nicht leicht gemacht.
Mit 25 Jahren hörte ich die Diagnose Multiple Sklerose, die sich zum Glück als falsch erwies. Mit 30 Jahren blieb mein Herz oft stehen und wir dachten an einen Herzschrittmacher, mit 40 Jahren hatte ich einen schweren Bandscheibenvorfall und konnte ein halbes Jahr lang nicht gehen, weitere Krankheiten folgten und vergingen. Heute kann ich gut leben und arbeiten: Aber ich will diese Frage „Warum?" nie stellen.

Gott weiß, was wir brauchen, bevor wir ihn bitten, heißt es in der Bibel. Trotzdem will er gebeten werden. „Bittet, so wird euch gegeben!", fordert uns Jesus auf
Die Antwort auf ein Gebet kann so anders aussehen, als wir uns das vorstellen oder wünschen. Das bezeugen die Erlebnisse, die verschiedene Menschen für dieses Buch aufgeschrieben haben. Es gibt kein „Warum?" zu Gottes Entscheidungen.
Einer meiner Urgroßväter stand am Grab seiner vier Kinder, die alle in einer Nacht gestorben waren. Wie Hiob sagte er: „Der Herr hat´s gegeben, der Herr hat´ s genommen. Der Name des Herrn sei gelobt."
Gebete sind kein Selbstbedienungsladen, mit dem wir uns holen, was wir zu brauchen meinen: Geld, Erfolg, Anerkennung; gesellschaftliche Stellung oder ein neues Auto. Das Größte, das wir bekommen – und ziemlich sicher bekommen – ist der „Friede, der höher ist als alle Vernunft". Dann haben wir genügend Kraft, um alles zu meistern, was immer uns auferlegt wird.

Man – hu? Was ist denn das?

„Man- hu? Was ist denn das?", riefen die Israeliten erstaunt, als sie zum ersten mal Manna in der Wüste sahen. Moses hatte ihnen Brot versprochen und nun sollten sie „Manna" essen?

Aus Man – hu wurde Manna, aus der entsetzten Frage: „Was ist denn das?“ das Brot des Lebens.

Gottes Antworten auf Gebete sind oft erstaunlich. Haben Sie das auch schon einmal erfahren?

Ich bete um Kraft – und bekomme eine Krankheit
Ich bete um Arbeit – und bekomme ein Ehrenamt
Ich bete um Zeit – und bekomme noch mehr Aufträge
Ich bete um Zuneigung und Liebe – und bekomme eine Aufgabe

Manches Mal habe ich erstaunt gefragt: „Man – hu? Was ist denn das? Kann das eine Antwort sein?“
Aber oft fand ich dann im Gehen und Tun das „Manna“, das „Brot des Lebens“, von dem ich lernte zu leben.
Dieses Wirken Gottes möchten wir in unserem Buch bezeugen. Gerade die Ungereimtheiten im Leben erweisen sich oft als große Hilfen.
Ich habe es einmal so formuliert: „Die Steine, die mir in den Weg gelegt wurden, waren die Steine, auf denen ich gehen konnte.“

Haben Sie Lust, uns Ihre Erfahrungen und Geschichten mitzuteilen? Wir möchten das Buch gern weiterschreiben und dafür neue Geschichten sammeln, die im wirklichen Leben passiert sind.

MIX
Papier aus verantwortungsvollen Quellen
Paper from responsible sources
FSC® C105338

Printed by Books on Demand GmbH, Norderstedt / Germany